FORO ABIERTO PARA LA LECTURA

Nivel 2 • Libro 1

Compartir cuentos

•

La bondad

•

Mira otra vez

SRA FORO ABIERTO PARA LA LECTURA

Nivel 2 • Libro 1

— AUTORES DEL PROGRAMA —

Foro abierto para la lectura

Arturo Abarca

Marco A. Domínguez

Open Court Reading

Marilyn Jager Adams   Iva Carruthers   Marsha Roit

Carl Bereiter   Jan Hirshberg   Marlene Scardamalia

Joe Campione   Anne McKeough   Gerald H. Treadway, Jr.

Michael Pressley

SRA

A Division of The **McGraw·Hill** Companies

Columbus, Ohio

Reconocimientos

Grateful acknowledgement is given to the following publishers and copyright owners for permissions granted to reprint selections from their publications. All possible care has been taken to trace ownership and secure permission for each selection included. In case of any errors or omissions, the Publisher will be pleased to make suitable acknowledgements in future editions.

SHARING STORIES

"Ant and the Three Little Figs (text)" from MY BROTHER, ANT by Betsy Byars, illustrated by Marc Simont, copyright © 1996 by Betsy Byars, text. Used by permission of Viking Penguin, an imprint of Penguin Putnam Books for Young Readers, a division of Penguin Putnam, Inc. "Ant and the Three Little Figs (illustrations)" from MY BROTHER, ANT (text) by Betsy Byars, illustrated by Marc Simont, copyright © 1996 by Marc Simont, illustrations. Used by permission of Viking Penguin, an imprint of Penguin Putnam Books for Young Readers, a division of Penguin Putnam, Inc.

"Señor Burrito" from PAIS DE VERSOS, ANTOLOGÍA COLOMBIANA DE POESÍA INFANTIL by Celso Roman. Text copyright © Celso Roman. All rights reserved. Published by SRA/McGraw-Hill, a Division of The McGraw-Hill Companies, by arrangement with Panamericana Editorial Ltda., Colombia. This publication, or parts thereof, may not be reproduced in any form by photographic, electronic, mechanical, or any other method, for any use, including information storage and retrieval, without written permission from the publisher. For information regarding permission, write to Marketing manager, Panamericana Editorial Ltda., Calle 12 NO. 34–20, Bogotá, Colombia.

COME BACK, JACK! Copyright © 1993 Catherine and Laurence Anholt. Reproduced by permission of Candlewick Press Inc., Cambridge, MA, on behalf of Walker Books Ltd., London.

"Imaginación" © Consuelo Armijo 1984-from the book RISAS, POESÍAS Y CHIRIGOTAS. Used by permission of the author.

THE LIBRARY by Sarah Stewart, illustrated by David Small. Text copyright © 1995 by Sarah Stewart. Illustrations copyright © 1995 by David Small. Reprinted by permission of Farrar, Straus & Giroux, LLC.

STORY HOUR-STARRING MEGAN! text and illustrations © 1992 by Julie Brillhart. Reprinted by permission of the author.

TOMAS AND THE LIBRARY LADY text copyright © 1997 by Pat Mora. Illustrations copyright © 1997 by Raúl Colón. Published by arrangement with Random House Children's Books, a division of Random House, Inc., New York, New York. All rights reserved.

KINDNESS

This edition is reprinted by arrangement with Simon & Schuster Books For Young Readers, Simon & Schuster Children's Publishing Division. Text Copyright © 1974, by Mirra Ginsburg; illustrations copyright © 1974, by José Aruego and Arianne Dewey; All rights reserved.

From THE ELVES AND SHOEMAKER retold by Freya Littledale. Copyright © 1975 by Freya Littledale. Originally published by Scholastic. Reprinted by permission of Curtis Brown, Ltd.

THE PAPER CRANE TEXT COPYRIGHT© 1985 BY MOLLY BANG. Used by permission of HarperCollins Publishers.

From BUTTERFLY HOUSE by Eve Bunting, illustrated by Greg Shed. Published by Scholastic Press, a division of Scholastic Inc. Text copyright © 1999 by Edward D. Bunting and Anne E. Bunting Family Trust, illustrations copyright © 1999 by Greg Shed. Reprinted by permission.

CORDUROY by Don Freeman. Original English edition copyright © Don Freeman, 1968. Spanish translation copyright © Viking Penguin, Inc., 1988. Published by arrangement with Viking Children's Books, a member of Penguin Putnam Inc.

From THE STORY OF THREE WHALES Text © Copyright 1998 by Giles Whittell; Illustrations © 1998 by Patrick Benson. Reproduced by permission of Candlewick Press Inc., Cambridge, MA, on behalf of Walker Books Ltd., London.

From CINDERELLA, text copyright © 1977 by Charles Perrault. Reprinted with permission of Flammarion. All rights reserved.

CAMOUFLAGE

From I SEE ANIMALS HIDING by Jim Arnosky. Copyright © 1995 by Jim Arnosky. Reprinted by permission of Susan Schulman Literary Agency.

THEY THOUGHT THEY SAW HIM. Copyright © 1996 by Craig Kee Strete. Originally published by Greenwillow Books. Reprinted by permission of Curtis Brown, Ltd.

"Carnaval de vida" by Mario Lamo-Jiménez. Used by permission of the author.

From HUNGRY LITTLE HARE, text copyright © 1998 by Howard Goldsmith, illustrations copyright © 1998 by Denny Bond. Reprinted with permission of The McGraw-Hill Companies. All rights reserved.

From HOW TO HIDE AN OCTOPUS & OTHER SEA CREATURES by Ruth Heller, copyright © 1985. Used by permission of Grosset & Dunlap, an imprint of Penguin Putnam Books for Young Readers, a division of Penguin Putnam Inc.

HOW THE GUINEA FOWL GOT HER SPOTS by Barbara Knutson. Copyright 1990 by Barbara Knutson. Published by Carolrhoda Books, Inc. a division of the Lerner Publishing Group. Used by permission of the publisher. All rights reserved.

Animal Camouflage by Janet McDonnell, copyright 1998 © by The Child's World ®, Chanhassen Minnesota. Reprinted by permission of copyright holder.

— AUTORES DEL PROGRAMA —

Foro abierto para la lectura

Arturo Abarca
Distrito Escolar Unificado de Los Ángeles

Marco A. Domínguez, Ph.D.
Universidad Este de Los Ángeles

Open Court Reading

Carl Bereiter, Ph.D.
Universidad de Toronto

Marilyn Jager Adams, Ph.D.
BNN Technologies

Michael Pressley, Ph.D.
Universidad de Notre Dame

Marsha Roit, Ph.D.
Consultora nacional en la lectura

Anne McKeough, Ph.D.
Universidad de Calgary

Jan Hirshberg, Ph.D.
Especialista en la lectura

Marlene Scardamalia, Ph.D.
Universidad de Toronto

Joe Campione, Ph.D.
Universidad de California en Berkeley

Iva Carruthers, Ph.D.
Universidad Northeastern Illinois

Gerald H. Treadway, Jr., Ph.D.
Universidad Estatal de San Diego

Contenido

Contenido

Contenido

Compartir cuentos

¿**C**ómo compartes cuentos con tus amigos? ¿Qué pasa si están muy lejos y no se pueden hablar? ¿Les escribes? ¿Cómo puedes aprender nuevos cuentos? La lectura y la escritura pueden ayudarnos a compartir cuentos con los demás.

Cuentos para lectores jóvenes

Él dijo: —¡No! ¡Así no es!
Son cerditos. Tres CERDITOS.
Di CERDITOS.

Para mí eso no era problema.
Yo dije: —Cerditos.

Ant se recostó.
Me dijo: —Ahora, léeme el cuento.

—Había una vez
tres platanitos —leí.

Ant dijo: — ¡No! ¡No leas así!
Lee bien el cuento.
Son cerditos.
Mira el dibujo.
Éste es un cerdito.
Éste es un cerdito.
Éste es un cerdito.
¡Son tres cerditos!

—Ah, está bien. Cerditos.
Había una vez tres...
—Cerditos —dijo Ant rápidamente.
—¿Quién está leyendo,
tú o yo? —pregunté.
—Tú —dijo Ant—.
Pero tienes que decir cerditos.

—Y tú debes dejarme leer.
Había una vez tres...
—me detuve y esperé.
Ant también esperó.
Por fin dijo:
—Ésta es tu última oportunidad.
Si no dices cerditos, me voy.

—¡Ah, está bien! —dije—.
Había una vez
tres cerditos...
Ant se bajó del sillón.
Le pregunté: —¿Adónde vas, Ant?
Lo leí bien. Dije cerditos.
Voy a salir —dijo Ant.
—¿Por qué, Ant?

—No me gusta el resto del cuento.
Tiene un lobo feroz.
—Eso se puede cambiar, Ant.
Puedo convertirlo en un limón feroz.
O, ¿qué tal en una sandía feroz?

Relación con el tema

En la selección

Libreta del escritor

Anota tus respuestas a las preguntas en la sección de Respuestas de tu Libreta del escritor. Presenta a tu pequeño grupo las ideas que escribiste. Comenta tus ideas con el grupo. Luego, elijan a un compañero para que presente las respuestas del grupo ante la clase.

- ¿Cómo compartió el hermano mayor de Ant el cuento de "Los tres cerditos"?

- ¿Por qué no quiso Ant escuchar el resto del cuento?

Más allá de la selección

- ¿Alguna vez has compartido con alguien un cuento gracioso? ¿De qué se trataba?

- Piensa en lo que te enseña "Ant y los tres higuitos" acerca de compartir cuentos.

- Añade al Tablero de conceptos y preguntas algunos puntos acerca de compartir cuentos.

Señor Burrito

Celso Román
ilustrado por Anna Rich

Señor Burrito
se puso
las gafas,
se sentó
en la butaca
y abrió
su periódico.
"Qué idioma
tan raro"
se dijo
extrañado,
"Yo, que soy
tan sabio…
¡y no puedo
entender!"
¡Y lo que pasaba,
era que tenía
el papel
al revés!

24

Preguntas de enfoque ¿Alguna vez has compartido un cuento con alguien menor que tú? ¿De qué maneras pueden ser emocionantes los libros?

¡Regresa, Jack!

Catherine y Laurence Anholt

Había una vez una niñita a la que no le gustaban los libros. A su mamá le gustaban los libros. A su papá también le gustaban. A Jack, su hermano, le *encantaban* y ni siquiera sabía leer.

—Los libros son aburridos —dijo la
niñita, y salió al jardín en busca de una
aventura de verdad.

—¡Cuida a Jack! —gritó la mamá de la
niñita cuando Jack se sentó en el césped
con su libro.

La niñita buscó algo emocionante en el jardín. No encontró mucho. Cuando se volteó, Jack ya no estaba mirando su libro...

¡estaba gateando *adentro* del libro!

—¡Regresa, Jack! —gritó la niñita.

Pero Jack ya se había ido.

Ella gateó tras él.

Dentro del libro había una colina verde
muy inclinada, y al pie de la colina, alguien
estaba llorando.

—¡Ay, no! ¡Se lastimó! —dijo la niñita.

—Pero es un chico listo —dijo la vaca—. Ágil y rápido también. ¡Mira cómo salta sobre ese candelabro!

—¡Ay, cielos! —dijo la niñita:

¡REGRESA, JACK!

De pronto, la niñita se encontró por encima de las nubes. No podía ver a Jack. Lo que sí pudo ver fue un castillo gigantesco con la enorme puerta abierta de par en par.

La niñita entró por la puerta del castillo...
y ahí estaba Jack, sentado en un rincón,
comiéndose un pastel de Navidad. Ella estaba
a punto de decirle que sacara su dedo pulgar
del pastel y que comiera con buenos modales,
cuando todo el castillo empezó a temblar.

Una potente voz rugió:

—¡FE FI FO FIEN, ME
GUSTARÍA COMERME
A ALGUIEN!

La niñita tomó a Jack de la mano y salieron corriendo del castillo tan rápido como pudieron. Pero el gigante los había visto.

—¡FE FI FO FEL,
QUIERO A ESOS NIÑOS
EN UN PASTEL!

Justo a tiempo, encontraron una planta
de frijoles que llegaba hasta las nubes.
Empezaron a bajar por el tronco, pero el
gigante se estaba acercando. Ya los iba a
atrapar cuando...

llegaron al final del libro y cayeron en
el jardín de su propia casa.

La enorme y peluda mano del gigante
se estiró tras ellos, pero Jack cerró el
libro de un golpe.

Desde el interior del libro llegó
un rugido lejano:

—FE FI FO FAR,
¡AY! ¡ME LASTIMÉ
EL PULGAR!

—Bueno —dijo la niñita—, ¡después de todo, los libros no son tan aburridos!

Después, Jack y ella se acostaron en el césped, y rieron, y rieron sin parar.

¡Regresa, Jack!

Conoce al autor y a la ilustradora

Catherine y Laurence Anholt nacieron ambos en Londres, Inglaterra. Se casaron en 1984 y poco después comenzaron a trabajar juntos para crear sus propios libros. Por lo general, él escribe los cuentos y ella los ilustra. Desean que los niños se vean reflejados en los cuentos y que disfruten leyéndolos.

Laurence Anholt trabajó primero como maestro de arte y escribía cuentos para niños en sus ratos libres. Sacó muchas de sus ideas al escuchar las conversaciones de sus tres hijos. Dice: *"Quiero que los niños capten el mensaje de que los libros son divertidos y de que es importante divertirse"*. Catherine Anholt afirma: *"Saco todos mis dibujos de mis recuerdos, aunque siempre he querido sacarlos de la vida real"*.

Relación con el tema

En la selección

Libreta del escritor

Anota tus respuestas a las preguntas en la sección de Respuestas de tu Libreta del escritor. Presenta a tu pequeño grupo las ideas que escribiste. Comenta tus ideas con el grupo. Luego, elijan a un compañero para que presente las respuestas del grupo ante la clase.

- ¿Cómo compartió Jack los cuentos con su hermana mayor?
- La hermana de Jack buscaba una aventura afuera, en el jardín. En vez de ello, ¿qué clase de aventura encontró?

A través de las selecciones

- ¿En qué se parecen y en qué se diferencian los dos personajes principales de "¡Regresa, Jack!" y "Ant y los tres higuitos"?

Más allá de la selección

- ¿Alguna vez te mostró alguien que los libros son emocionantes e interesantes? ¿Qué hizo esa persona para mostrarte que los libros son divertidos?
- Piensa en cómo refuerza "¡Regresa, Jack!" lo que ya sabes acerca de compartir cuentos.
- Añade al Tablero de conceptos y preguntas algunos puntos acerca de compartir cuentos.

Imaginación

Consuelo Armijo
ilustrado por Linda Townshend

Tengo millones de cuentos
y los que no tengo me los invento.

Cada bolsa de pipas,
cada patata frita,
cada pato que pasa
por encima del agua
todos me cuentan un cuento.

Lo que no ha pasado ni pasará,
lo que pudiera pasar o estar pasando,
lo que no tengo tiempo de hacer, ni
puedo ser,
todo está en los cuentos.

Preguntas de enfoque ¿Cómo te sientes cuando
compartes un cuento con otra persona?
¿Puede un libro ser tu amigo?

LA biblioteca

Sarah Stewart
ilustrado por David Small

Elizabeth Brown
llegó a este mundo
cayendo directamente del cielo.

Elizabeth Brown
entró al mundo,
tímida, miope y delgada.

47

No le gustaba jugar con muñecas
ni le gustaba patinar.
Aprendió a leer a temprana edad
y con una gran velocidad.

Siempre llevaba un libro a cama,
con una linterna bajo las cobijas.
Con las cobijas hacía una carpa
y leía hasta quedarse dormida.

Elizabeth Brown
se fue a la escuela
arrastrando un gran baúl.

Elizabeth Brown
desempacó sus libros
así quebrando su cama.

Se sentaba en todas sus clases
y garabateaba en un cuaderno,
perdida en sueños de que estaría en
olimpíadas de lectura.

Manufacturaba tarjetas de biblioteca
y sacaba libros para sus amigas,
y las sorprendía cuando a la medianoche
pasaba y los recogía.

Elizabeth Brown
prefería un libro
que salir con un amigo.

Cuando sus amigos salían
y bailaban hasta el amanecer,
ella permanecía leyendo
hasta muy tarde.

51

Una tarde tomó un tren
y pronto se vio perdida.
Entonces compró una casa y allí se quedó,
y en una tutora se convirtió.

52

Elizabeth Brown
llegó a la ciudad
verano, otoño, invierno
y primavera.

Elizabeth Brown
Llegó a la ciudad
buscando sólo una cosa.

No quería papas fritas
ni vestidos nuevos.
Fue directo a la librería,
"¿me da uno de **ésos?**"

53

Elizabeth Brown
volvió a su casa
y leyó y leyó y leyó.

Incluso leyó mientras
hacía ejercicio y parada
de cabeza.

Preparó una lista de abarrotes
y la metió en el libro que leía.
Pero perdió la lista entre las frutas,
y se quedó sin nada que cocinar.

Leía sobre diosas griegas
mientras aspiraba el piso un día.
Tan metida en el libro estaba
que tropezó con una puerta.

Amontonó libros en las sillas,
y los esparció por el piso.
Se cayeron sus estantes,
mientras ella leía más y más.

En las pilas de libros grandes
como eran fuertes, puso sus tazas.
Y los pequeños los usó de bloques
para invitados que venían a casa.

Cuando los volúmenes llegaron hasta
el techo y taparon la puerta del frente,
Elizabeth tuvo que admitir el hecho
que ya no le cabía ni uno más.

Elizabeth Brown
llegó a la ciudad
esa misma tarde.

Elizabeth Brown
llegó a la ciudad
silbando una dulce melodía.

No buscaba una bicicleta
ni moños de seda nuevos.
Fue directo a la alcaldía,
"¿me da uno de **ésos**?"

El formulario era para donaciones
y esto fue lo que escribió:
*"Yo, Elizabeth Brown regalo a la ciudad
todo lo que poseo".*

Elizabeth Brown
se mudó con una amiga
y vivió hasta la vejez.

Iban a la biblioteca
todos los días
y leían
hoja tras hoja,
una y otra vez.

LA biblioteca

Conoce a la autora

Sarah Stewart se crió en Texas. Cuando era niña, tenía dos lugares favoritos a donde le encantaba ir para disfrutar del silencio y explorar el mundo que la rodeaba. Esos dos lugares eran el jardín de su abuelita y la biblioteca. Sarah Stewart pasó muchos días en estos dos lugares, soñando despierta y escribiendo. Tiene tres hijos y vive en una casa histórica en Michigan con su esposo, su perro Simón y su gato Otis.

Conoce al ilustrador

David Small nació en Detroit, Michigan. Su padre era médico radiólogo. Cuando David Small era niño, aprendió a dibujar a la gente mirando las placas de sus rayos X. También al observar los esqueletos, aprendió por qué las personas se mueven y se ven de cierta manera. A David Small también le gusta escribir libros. Dijo una vez: *"De todas las cosas que hago como artista, crear libros ilustrados para niños es la que más disfruto"*. David Small afirma que cuando escribe un libro y lo ilustra, siente como si estuviera montando un espectáculo.

Relación con el tema

En la selección

Libreta del escritor

Anota tus respuestas a las preguntas en la sección de Respuestas de tu Libreta del escritor. Presenta a tu pequeño grupo las ideas que escribiste. Comenta tus ideas con el grupo. Luego, elijan a un compañero para que presente las respuestas del grupo ante la clase.

- ¿Por qué tenía tantos libros Elizabeth Brown?
- ¿Cómo compartió Elizabeth Brown sus cuentos con toda la ciudad?

A través de las selecciones

- Cuando era niña, ¿en qué se diferenciaba Elizabeth Brown de la niña de "¡Regresa, Jack!"? ¿De qué manera se volvió al final más parecida a Elizabeth Brown la niña de "¡Regresa, Jack!"?

Más allá de la selección

- Piensa en cómo "La biblioteca" refuerza lo que ya sabes acerca de compartir cuentos.
- Añade al Tablero de conceptos y preguntas algunos puntos acerca de compartir cuentos.

Preguntas de enfoque ¿Podríamos volvernos mejores lectores al compartir cuentos con los demás? ¿Crees que te gustaría leerles cuentos a otros niños durante la hora de los cuentos en la biblioteca?

La hora de los cuentos: ¡Con la participación especial de Megan!

Julie Brillhart

De vez en cuando, cuando la niñera no podía venir, Megan y su hermanito Nathan iban a pasar la tarde con su mamá en la biblioteca del pueblo. Su mamá era la bibliotecaria.

A Megan le gustaba la biblioteca porque allí tenía trabajo que hacer. Su mamá la llamaba su "asistente". Megan guardaba los libros para niños y recogía los animalitos de peluche.

Decoraba el tablero de anuncios y regaba las plantas.

Y cuando había mucho, pero mucho trabajo, Megan siempre estaba dispuesta a ayudar a cuidar a Nathan.

Pero, sobre todo, a Megan le gustaba la biblioteca porque le encantaban los libros y estaba aprendiendo a leer. ¡Tenía ganas de leer todos los libros de la biblioteca!

Cada vez que tenía la oportunidad, Megan
se acurrucaba al lado de su mamá y trataba
de leer en voz alta *Vuela muy alto*. A menudo
se trababa con las palabras y su mamá
la ayudaba.

Megan suspiraba y decía: —¡Ay, es tan
difícil leer!

—Lo sé —respondía su mamá—. Pero
sigue intentándolo. Pronto lo lograrás.

Así que Megan seguía practicando.
Practicaba en la escuela, en el auto, en el
supermercado, en la bañera, después de cenar,
¡hasta después de apagar las luces!

Nunca antes había intentado algo con
tantos deseos.

Una vez la niñera no pudo venir el día en que a la mamá de Megan le tocaba la hora de contar cuentos a los niños.

—Espero que Nathan se duerma durante todo el cuento —dijo la mamá de Megan mientras los niños empezaban a llegar.

De repente, un dinosaurio de peluche entró volando por la ranura de la puerta por donde se devuelven los libros de la biblioteca.

—¡Qué bien! —dijo Megan—. ¡Ya llegó Andrew!

Andrew entró cargando una pila de libros acerca de los dinosaurios.

—¿Sabes qué? —dijo Megan—. ¡Estoy aprendiendo a leer!

—¡Ah! —dijo Andrew—. ¿Hay nuevos libros con teranodontes?

—No —dijo Megan—. ¿Y es que nunca vas a leer sobre ninguna *otra cosa*?

Megan llevó el grupo al salón de los niños y les dio etiquetas con sus nombres. Ayudó a los niños más pequeños a colocarse las etiquetas.

—Bienvenidos a la hora de los cuentos
—dijo la mamá de Megan—. Hoy me
gustaría leer...

Justo en ese momento, Nathan se puso a
llorar. Todos se voltearon a mirar.

—Esperen un momento —dijo la mamá
de Megan, y se puso de pie.

Hizo todo lo que pudo por tranquilizar
a Nathan, pero él seguía llorando.

Los niños empezaron a ponerse inquietos.

—Por favor, tengan paciencia —dijo la mamá de Megan—. Estoy segura de que pronto empezaremos.

Mientras todo esto sucedía, Megan estaba pensativa. ¡De pronto tuvo una gran idea!

Salió rápido sin que la vieran a buscar su libro favorito.

Megan se sentó frente a todos los niños. Se sentía un poco asustada.

—Me gustaría leer *Vuela muy alto* —dijo.

Todos la miraron asombrados. El salón
quedó en silencio y hasta Nathan dejó de
llorar. Megan comenzó a leer.

Megan leyó y leyó. Les mostró los dibujos a los niños, tal y como lo hacía su mamá. Se trabó en algunas palabras, pero siguió leyendo. Nadie pareció notar cuando cometió un error.

¡Megan leyó todo el libro!

Todos los niños la aplaudieron y la vitorearon. Lo mismo hicieron las mamás y los papás que habían venido. ¡Megan se sintió muy bien!

Se volteó a mirar a su mamá.
—¡Lo logré! —dijo Megan.

—¡Claro que sí! —dijo su mamá—. Y por
tu propia cuenta. Estoy muy orgullosa de ti.

—No sabía que podías leer TANTO —dijo
Andrew—. ¿Me podrías prestar tu libro?

Megan se rió.
—Claro, ¡pero no se trata de dinosaurios!

Cuando todo el mundo se había ido,
la mamá de Megan le dio un fuerte,
fuerte abrazo.

—¡Estuviste maravillosa! —dijo—.
¡Me sacaste de un apuro!

—¡Sí! —dijo Megan—. ¡Ahora voy a
leer todos los libros de la biblioteca!

Y comenzó enseguida.

La hora de los cuentos:
¡Con la participación especial de Megan!

Conoce a la autora e ilustradora

Julie Brillhart trabajaba como bibliotecaria antes de empezar a escribir e ilustrar libros para niños. Muchas de las ideas para sus libros provienen de su trabajo con niños en la biblioteca. Ella toma momentos de la vida diaria y los convierte en cuentos y dibujos.

Aunque sus propios hijos ya son mayores, su pasatiempo favorito es ir al salón de los niños en su biblioteca local. Todas las semanas pasa allí una tarde escogiendo libros infantiles para llevar a su casa y leerlos.

Relación con el tema

En la selección

Libreta del escritor

Anota tus respuestas a las preguntas en la sección de Respuestas de tu Libreta del escritor. Presenta a tu pequeño grupo las ideas que escribiste. Comenta tus ideas con el grupo. Luego, elijan a un compañero para que presente las respuestas del grupo ante la clase.

- Megan pensó que aprender a leer era difícil. ¿Por qué le dijo su mamá que no dejara de intentarlo?

- ¿Cómo pudo Megan sacar de un apuro a su mamá cuando ella necesitaba su ayuda?

A través de las selecciones

- ¿En qué se parece Megan a Jack en "¡Regresa, Jack!"?

Más allá de la selección

- ¿Has tratado alguna vez de aprender algo practicándolo muchas veces? ¿Cómo te sentiste cuando lo lograste?

- Piensa en cómo refuerza "La hora de los cuentos: ¡Con la participación especial de Megan!" lo que ya sabes acerca de compartir cuentos.

- Añade al Tablero de conceptos y preguntas algunos puntos acerca de compartir cuentos.

La biblioteca. 1960. **Jacob Lawrence.** Témpera en cartón de fibra. 24 × 30 pulg. Museo Nacional de Arte Estadounidense, Institución Smithsonian, Washington, D.C.

Novelas parisinas. **Vincent van Gogh.** Óleo sobre tela. Colección privada.

Mujeres conversando. 1899. **Rufino Tamayo.** $22\frac{1}{2} \times 13\frac{1}{4}$ pulg. Imágenes de Christie's, New York, NY.

Preguntas de enfoque ¿Quién puede ser cuentista? ¿En tu familia se cuentan o se leen cuentos entre sí?

Tomás y la señora de la biblioteca

Pat Mora

ilustrado por Raul Colón
traducción de Pat Mora

E ra medianoche. La luz de la luna llena acompañaba la vieja y cansada camioneta. Tomás también estaba cansado y tenía calor. Echaba de menos su camita y su casa en Tejas.

Tomás iba con su familia otra vez a Iowa. Su
mamá y su papá eran campesinos. Cosechaban
fruta y verdura para los agricultores de Tejas en
el invierno y para los agricultores de Iowa en el
verano. Año tras año viajaban, *traca*, *traca*,
traca, en su camioneta vieja.

—Mamá —murmuró Tomás—, si tuviera un
vaso de agua fría, me lo tomaría a grandes
tragos. Chuparía el hielo. Dejaría caer las
últimas gotitas de agua sobre mi cara.

Tomás se puso contento cuando la camioneta, por fin, se paró. Ayudó a su abuelo, papá grande, a bajarse. Luego, les dio las buenas noches a papá, mamá, papá grande y a su hermanito, Enrique. Se acurrucó en el catre, en la pequeña casa que su familia compartía con otros trabajadores.

Temprano, a la mañana siguiente, mamá
y papá fueron a cosechar maíz en el campo.
Trabajaron todo el día bajo el fuerte sol.
Tomás y Enrique les llevaron agua. Luego,
los niños jugaron con la pelota que mamá
les había hecho de un viejo osito de peluche.

Cuando sintieron calor, se sentaron debajo
de un árbol con papá grande.

—Cuéntanos del hombre del bosque
—dijo Tomás.

A Tomás le gustaba oír a papá grande
contar cuentos en español. Papá grande era
el mejor cuentista de la familia.

—En un tiempo pasado— comenzó papá grande—, en una noche tempestuosa, un hombre iba a caballo por el bosque. El viento aullaba, *uuuuuuuuu*, y las hojas revoloteaban, *shsh, shsh*.

—De repente, el hombre sintió que lo agarraban. No podía moverse. Tenía tanto miedo que ni siquiera podía voltear la cabeza. Toda la noche quiso escaparse, pero no pudo.

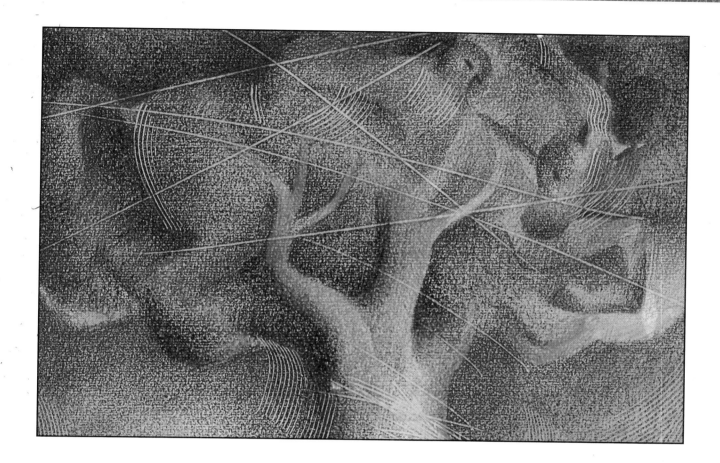

—Cómo aullaba el viento *uuuuuuuuu*. Cómo revoloteaban las hojas y cómo le castañeteaban los dientes al hombre.

—Por fin, salió el sol. Poco a poquito, el hombre volteó la cabeza. ¿Y quién crees que lo tenía agarrado?

Tomás se sonrió y dijo: —Un árbol espinoso.

Papá grande se rió: —Tomás, ya conoces todos mis cuentos —dijo papá grande—. Pero en la biblioteca hay muchos más. Ya eres grande y puedes ir solo. Así nos podrás enseñar nuevos cuentos.

A la mañana siguiente, Tomás caminó al centro. Vio la biblioteca grande. Las altas ventanas eran como unos ojos enormes que lo miraban. Tomás le dio varias vueltas al edificio. Vio a los niños que salían con libros. Poco a poquito, Tomás empezó a subir los escalones. Los contó en español: uno, dos, tres, cuatro …Sentía la boca llena de algodón.

Tomás se paró frente a la puerta de la biblioteca. Pegó la cara al cristal para mirar adentro. ¡La biblioteca era inmensa!

Sintió una mano en el hombro. Tomás
brincó. Una señora alta lo miraba.

—Es un día caluroso —le dijo ella en
inglés. La señora hablaba solamente inglés—.
Entra y toma un poco de agua. ¿Cómo te
llamas? —le preguntó la señora.

—Tomás —contestó él.

—Ven, Tomás —le dijo la señora.

Adentro estaba fresco. Tomás nunca había visto tantos libros. La señora lo miraba.

—Ven —le dijo ella, y lo llevó a una fuente de agua—. Primero, toma agua. Luego, te traeré unos libros a esta mesa. ¿Sobre qué te gustaría leer?

—Sobre tigres y dinosaurios —dijo Tomás.

Tomás bebió el agua fría. Miró el techo alto. Miró todos los libros alrededor del cuarto. Miró a la señora escoger unos libros de los estantes y traerlos a la mesa.

—Esta silla es para ti, Tomás —dijo la señora. Tomás se sentó y con mucho cuidado escogió uno de los libros y lo abrió.

Tomás vio dinosaurios que doblaban los cuellos largos para poder beber agua cristalina. Oyó los gritos de los pájaros culebra. Sintió el tibio cuello del dinosaurio y se agarró bien fuerte para ir de paseo. Tomás se olvidó de la señora de la biblioteca. Se olvidó de Iowa y de Tejas.

—¡Tomás, Tomás! —dijo la señora en voz baja. Tomás miró a su alrededor. La biblioteca estaba vacía. El sol ya se ponía. La señora miró a Tomás por un tiempo y al fin dijo:

—Tomás, ¿te gustaría llevarte dos libros a tu casa? Los sacaré prestados a mi nombre.

Tomás salió de la biblioteca abrazando sus libros. Se fue corriendo a la casa, deseoso de mostrarle los cuentos nuevos a su familia.

Papá grande miró los libros de la biblioteca.
—Léeme uno —le pidió a Tomás. Primero,
Tomás le enseñó los dibujos. Le señaló un tigre.
—¡Qué tigre tan grande! —dijo Tomás en
español y luego en inglés: *What a big tiger!*

—Léeme en inglés —dijo papá grande. Tomás
le leyó acerca de los ojos del tigre, que brillan de
noche en la selva. Rugió como un tigre grandote.
Papá, mamá y Enrique comenzaron a reírse. Se
acercaron y se sentaron junto a Tomás para oír
el cuento.

A veces, Tomás iba con sus papás al
basurero, a buscar pedazos de hierro para
vender en el pueblo. Enrique buscaba
juguetes, y Tomás, libros. Luego, los tendía
al sol para quitarles el mal olor.

Durante todo el verano, siempre que
podía, Tomás iba a la biblioteca. La señora
de la biblioteca le decía: —Primero, toma
un poco de agua fresca y luego, te doy
unos libros nuevos, Tomás.

Si no había mucha gente, la señora le decía: —Ven a mi escritorio y léeme un libro, Tomás. —Luego le decía—: Por favor, enséñame algunas palabras en español.

Tomás se sonreía. Le gustaba ser el maestro. La señora señaló un libro.

—*Book*, libro —le dijo Tomás.

—Libro —repitió ella.

—Pájaro —dijo Tomás batiendo los brazos como alas. La señora se rió. —Pájaro —dijo ella: *bird*.

Los días en que la señora estaba ocupada,
Tomás se sentaba solo a leer. Miraba los
dibujos por mucho tiempo. Olía el humo de
un campamento de indios. Montado en un
caballo negro, cruzaba el desierto caliente
y polvoriento.

Y en las noches, les leía los cuentos a mamá,
papá, papá grande y a Enrique.

Una tarde de agosto, Tomás llevó a papá
grande a la biblioteca.

—Buenas tardes, señor —le dijo la señora
de la biblioteca. Tomás se sonrió. Él le había
enseñado a decir "Buenas tardes, señor", en
español.

—Buenas tardes, señora —dijo papá grande.

Hoy vengo a enseñarle una palabra triste. La palabra es adiós —le dijo Tomás en voz baja.

Tomás tenía que volver a Tejas. Iba a echar de menos este lugar tranquilo, el agua fresca, los libros lisos y relucientes. Iba a echar de menos a la señora de la biblioteca.

—Mi mamá le manda esto para darle las gracias —dijo Tomás ofreciéndole un pequeño paquete—. Es pan dulce. Mi mamá hace el mejor pan dulce de Tejas.

—Qué amable. De veras, qué amable —dijo la señora—. Gracias. Y le dio a Tomás un fuerte abrazo.

Esa noche viajaron, *traca, traca, traca*, otra
vez en la vieja y cansada camioneta. Tomás
abrazaba su libro nuevo, regalo de la señora
de la biblioteca. Papá grande se sonrió y dijo:
—Más cuentos para el nuevo cuentista.

Tomás cerró los ojos. Vio los dinosaurios de tiempos atrás bebiendo agua fresca. Oyó los gritos de los pájaros culebra. Sintió el cuello tibio del dinosaurio y se agarró bien fuerte para el dificultoso viaje.

Tomás y la señora de la biblioteca

Conoce a la autora

Pat Mora se crió hablando dos idiomas en su casa, de manera que ella aprendió a leer y a escribir en inglés y en español. Ha podido usar ambos idiomas en sus escritos, como en "Tomás y la señora de la biblioteca". Pat Mora fue maestra por casi veinte años antes de comenzar su carrera de escritora. Escribe poesías y textos informativos, así como libros para niños. La autora dice: *"Siempre he disfrutado leyendo toda clase de libros y ahora también los escribo y puedo jugar con las palabras en mi computadora".*

Conoce al ilustrador

Raul Colón soñaba desde niño con ser artista. Entregaba sus tareas escolares con garabatos y dibujos. Le gusta raspar el papel con un instrumento especial antes de usar lápices de colores. Esto da a sus ilustraciones un efecto especial. Su trabajo incluye diseños para títeres, cubiertas de discos, películas cortas de dibujos animados e ilustraciones de libros para niños.

Relación con el tema

En la selección

Libreta del escritor

Anota tus respuestas a las preguntas en la sección de Respuestas de tu Libreta del escritor. Presenta a tu pequeño grupo las ideas que escribiste. Comenta tus ideas con el grupo. Luego, elijan a un compañero para que presente las respuestas del grupo ante la clase.

- ¿Por qué decidió Tomás ir a la biblioteca?
- ¿Qué talento compartían Tomás y su abuelo?

A través de las selecciones

- ¿Qué otros cuentos has leído acerca de compartir cuentos?
- ¿Qué tienen en común Jack, Megan, Elizabeth Brown y Tomás?

Más allá de la selección

- ¿Alguna vez se cuentan o se leen cuentos entre sí en tu familia? ¿Qué clase de cuentos cuentan o leen?
- Piensa en cómo refuerza "Tomás y la señora de la biblioteca" lo que ya sabes acerca de compartir cuentos.
- Añade al Tablero de conceptos y preguntas algunos puntos acerca de compartir cuentos.

La bondad

¿**Q**ué significa ser bondadoso? ¿Quién es bondadoso? ¿Cómo lo sabes? Los cuentos pueden ayudarnos a aprender acerca de la bondad.

Preguntas de enfoque ¿Se puede siempre encontrar espacio para alguien más cuando uno es bondadoso? ¿Podemos a veces ayudar más de lo que pensamos?

Un hongo en la lluvia

adaptado por Mirra Ginsburg

ilustrado por José Aruego y Ariane Dewey

Una hormiga fue sorprendida un día por la lluvia.

—¿Dónde puedo esconderme? —se preguntó.

Vio un honguito que se asomaba de la tierra en un claro y se escondió bajo él. Se sentó allí a esperar a que dejara de llover. Pero la lluvia caía más y más fuerte.

108

Un gorrioncito llegó a saltitos al hongo y gritó:

—¡Mis plumas están chorreando y mis alas están tan cansadas! ¡Déjenme meterme bajo el hongo para descansar hasta que pase la lluvia!

—¡Pero aquí ya no hay más espacio!

—¡Por favor! ¡Córranse un poquito!

Todos se corrieron y hubo espacio suficiente para el gorrión.

Luego, un conejo llegó saltando al claro y vio el hongo.

—¡Ay, escóndanme! —gritó—. ¡Sálvenme! ¡Me persigue un zorro!

—¡Pobre conejo! —dijo la hormiga—. ¡Juntémonos un poquito más para que pueda entrar!

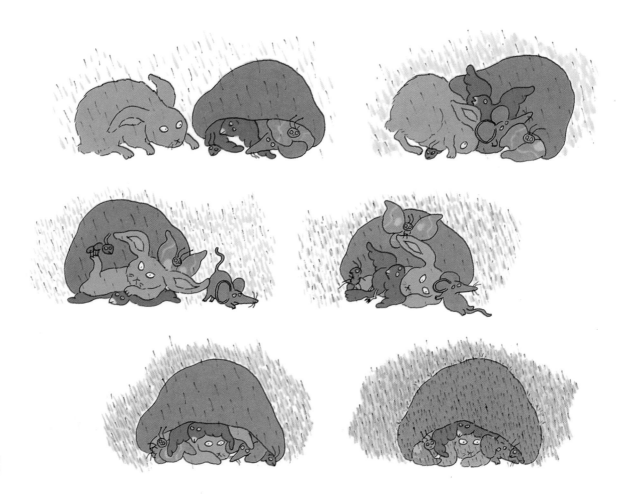

Apenas escondieron al conejo, el zorro llegó corriendo.

—¿Han visto al conejo? ¿Por dónde se fue? —preguntó.

—No lo hemos visto.

El zorro se acercó y olfateó.

—Por aquí huele a conejo. ¿No está aquí escondido?

—¡Zorro tonto! ¿Cómo podría caber aquí un conejo?¿No ves que no hay espacio?

El zorro levantó la nariz, sacudió la cola y se fue corriendo.

Para entonces la lluvia había parado. El sol se asomaba por detrás de las nubes y todos salieron de debajo del hongo, radiantes y felices.

La hormiga miró a sus vecinos.

—¿Cómo es esto posible? Al principio apenas había espacio suficiente bajo el hongo para mí, y al final los cinco cupimos debajo.

—¡Croa, ja, ja! ¡Croa, ja, ja! —se rió fuertemente alguien detrás de ellos.

Se voltearon y vieron una gorda rana verde sentada sobre el hongo, sacudiendo la cabeza.

—¡Croa, ja, ja! —dijo la rana—. ¿No saben lo que le pasa a un hongo en la lluvia? Y se alejó saltando, todavía riéndose.

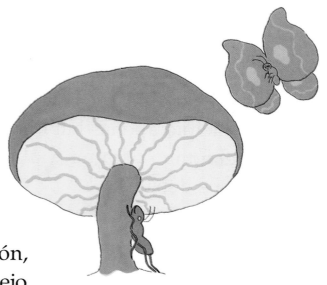

La hormiga,
la mariposa, el ratón,
el gorrión y el conejo
se miraron el uno al otro y luego miraron el hongo.
De pronto entendieron por qué habían cabido todos
bajo el hongo.

¿Lo sabes tú? ¿Puedes adivinar lo que le pasa a un
hongo cuando llueve?

¡QUE CRECE!

Un hongo en la lluvia

Conoce a la autora

Mirra Ginsburg nació en un pequeño pueblo ruso muy parecido a los pueblos de los cuentos populares que le encantaba leer. Comenzó a escribir libros para niños usando libros escritos en ruso o en yiddish y volviéndolos a escribir en inglés para que los niños estadounidenses los pudieran disfrutar. Al poco tiempo estaba inventando sus propios cuentos. Ella afirmó: *"De mi padre aprendí a amar los animales y la naturaleza. Cuando niña, eso era lo que me rodeaba"*.

Conoce a los ilustradores

José Aruego y Ariane Dewey han combinado sus talentos e ilustrado más de sesenta libros para niños. El señor Aruego hace las ilustraciones y la señora Dewey añade el color con pintura. José Aruego comenzó una carrera como abogado, pero después de unos meses se dio cuenta de que quería dibujar, no practicar el derecho. Después de graduarse de la escuela de arte, comenzó a dibujar tiras cómicas y más tarde empezó a ilustrar libros infantiles. A Ariane Dewey siempre le encantaban los colores brillantes. En la clase de arte de cuarto grado pintaba niños de color rosa brillante nadando en un lago verde azulado. Su amor por los colores alegres se aprecia en muchos de sus libros.

118

Relación con el tema

En la selección

Libreta del escritor

Anota tus respuestas a las preguntas en la sección de Respuestas de tu Libreta del escritor. Presenta a tu pequeño grupo las ideas que escribiste. Comenta tus ideas con el grupo. Luego, elijan a un compañero para que presente las respuestas del grupo ante la clase.

- ¿Cómo pudo el hongo servir de refugio a todos los animales?
- ¿Por qué fueron los animales bondadosos con el conejo? ¿Por qué no lo fueron con el zorro?

A través de las selecciones

- Compara cómo demostraron bondad la hormiga de este cuento y José en el cuento "El caballito de siete colores".

Más allá de la selección

- Piensa en lo que te dice "Un hongo en la lluvia" acerca de la bondad.
- Añade al Tablero de conceptos y preguntas algunos puntos acerca de la bondad.

Los duendes y el zapatero

adaptado por Freya Littledale
ilustrado por Brinton Turkle

Había una vez un buen zapatero que quedó muy pobre. Sólo tenía un pedazo de cuero para hacer un par de zapatos.

—Bueno —le dijo el zapatero a su esposa—, recortaré el cuero esta noche y haré los zapatos en la mañana.

A la mañana siguiente fue a su mesa
y no pudo creer lo que vio. El cuero estaba
pulido, las costuras estaban hechas, y
¡había un excelente par de zapatos! No
había ni una puntada mal hecha.

—¿Ves lo que yo veo? —preguntó el zapatero.

—¡Claro que sí! —dijo su esposa—. Veo un excelente par de zapatos.

—Pero, ¿quién podría haberlos hecho? —dijo el zapatero.

—¡Parece cosa de magia! —dijo su esposa.

En ese momento entró un hombre de sombrero de copa y bastón.

—Esos zapatos parecen hechos para mí —dijo el hombre. Y así era. Le quedaban muy bien, desde el talón hasta los dedos.

—¿Cuánto cuestan?

—Una moneda de oro —dijo el zapatero.

—Le daré dos —dijo el hombre.

Y se marchó con una sonrisa en el rostro y los zapatos nuevos en los pies.

—Bueno, bueno —dijo el zapatero—, ahora puedo comprar cuero para dos pares de zapatos. Y recortó el cuero esa noche para poder hacer los zapatos por la mañana.

A la mañana siguiente, el zapatero se levantó y encontró dos pares de zapatos de mujer. Los zapatos brillaban a la luz del sol.

—¿Quién está haciendo estos zapatos? —dijo el zapatero—. Son los mejores zapatos del mundo.

En ese preciso momento entraron dos señoras.
Eran muy parecidas.

—¡Caramba, qué zapatos tan hermosos!
—dijeron las señoras—. Seguro que nos quedarán
muy bien. Y las señoras tenían razón. Le dieron al
zapatero cuatro monedas de oro y se fueron…
haciendo clic, clac, clic, clac con sus hermosos
zapatos nuevos.

Siempre ocurría lo mismo. Todas las noches el zapatero recortaba el cuero. Todas las mañanas estaban hechos los zapatos. Y todos los días venía más gente a comprarle sus hermosos zapatos.

Justo antes de la Navidad el zapatero dijo:

—El que está haciendo estos zapatos, nos está haciendo muy felices.

—Y ricos —dijo su esposa.

—Quedémonos despiertos para ver quién es, —dijo el zapatero.

—Bueno —dijo su esposa. Así que se escondieron detrás de unos abrigos y esperaron, esperaron y esperaron. Cuando el reloj dio las doce, entraron dos duendecillos.

—¡*Duendes!* —exclamó el zapatero.

—¡Shh! —dijo su esposa.

De inmediato, los duendes saltaron a la mesa y se pusieron a trabajar. Bam, bam, sonaban los martillos. Clip, clep, sonaban las tijeras. Chis, chas, sonaban las agujas. Sus pequeños dedos se movían tan rápidamente que el zapatero y su esposa apenas podían creer lo que veían.

Los duendes cosieron y martillearon y no se detuvieron hasta que todos los zapatos estuvieron terminados. Había zapatos pequeños y grandes. Había zapatos blancos, negros y cafés. Los duendes los pusieron todos en una fila. Luego saltaron de la mesa. Atravesaron el cuarto corriendo y salieron por la puerta.

A la mañana siguiente, la esposa dijo:

—Los duendes nos han hecho muy felices. Yo también quiero hacerlos felices. Ellos necesitan ropa nueva para calentarse, así que les haré pantalones, camisas y sacos. Y les tejeré calcetines y gorros. Tú le puedes hacer a cada uno un par de zapatos.

—¡Sí, sí! —dijo el zapatero. Y se pusieron a trabajar ahí mismo.

En Nochebuena, el zapatero no dejó cuero en la mesa. En cambio, dejó todos los bonitos regalos. Luego, él y su esposa se escondieron detrás de los abrigos para ver qué harían los duendes.

Cuando el reloj dio las doce, los duendes llegaron listos para trabajar. Pero cuando miraron la mesa y vieron la bonita ropa, se rieron y aplaudieron.

—¡Qué contentos están! —dijo la esposa del zapatero.

—¡Shhh! —dijo su esposo.

Los duendes se pusieron la ropa, se miraron en el espejo y comenzaron a cantar:

Somos unos duendes guapos y elegantes,
ya no seremos zapateros como antes.
De ahora en adelante, bailaremos y jugaremos
Y por el bosque, lejos nos iremos.

Saltaron sobre la mesa y brincaron sobre las
sillas. Dieron saltitos por todo el cuarto y salieron
bailando por la puerta, para no regresar jamás.

Pero a partir de aquella noche, al buen zapatero
y a su mujer siempre les fue muy bien.

Los duendes y el zapatero

Conoce a la autora

Freya Littledale, de niña, pasó gran parte de su tiempo libre leyendo. Le gustaban especialmente los cuentos de hadas. A los nueve años comenzó a escribir sus propios cuentos y poemas. Siempre le encantó escribir y adaptar cuentos para niños. Freya Littledale siguió compartiendo sus cuentos por el resto de su vida.

Conoce al ilustrador

Brinton Turkle ha añadido su magia especial a más de cincuenta libros para niños. *"Pienso que la combinación de palabras y dibujos, que sólo es posible hoy en día en los cuentos para niños, es muy emocionante… A los niños sólo hay que ofrecerles lo mejor de lo mejor."*

136

Relación con el tema

En la selección

Anota tus respuestas a las preguntas en la sección de Respuestas de tu Libreta del escritor. Presenta a tu pequeño grupo las ideas que escribiste. Comenta tus ideas con el grupo. Luego, elijan a un compañero para que presente las respuestas del grupo ante la clase.

- ¿Cómo se volvieron afortunados y prósperos el zapatero pobre y su esposa?
- ¿Crees que los duendes esperaban que el zapatero fuera bondadoso con ellos? ¿Por qué sí o por qué no?

A través de las selecciones

- ¿Qué recompensas recibieron por su bondad los diferentes personajes de este cuento y los de "Un hongo en la lluvia"?

Más allá de la selección

- ¿Alguna vez has sido bondadoso con alguien que haya sido bondadoso contigo? ¿Qué hiciste?
- Piensa en cómo refuerza "Los duendes y el zapatero" lo que ya sabes acerca de la bondad.
- Añade al Tablero de conceptos y preguntas algunos puntos acerca de la bondad.

Preguntas de enfoque ¿Por qué debemos ser bondadosos con las personas necesitadas? ¿Debemos ser bondadosos con los desconocidos?

La grulla de papel

Molly Bang

Había una vez un hombre que tenía un restaurante al lado de un camino transitado. Le encantaba cocinar buena comida y le encantaba servirla. Trabajaba desde la mañana hasta la noche y era feliz.

138

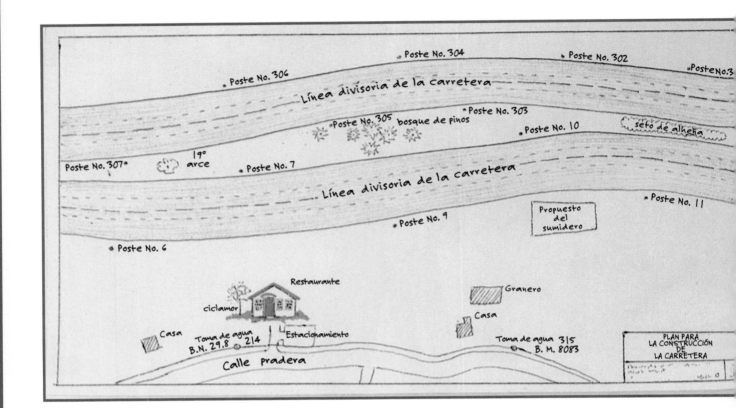

Pero construyeron una nueva carretera muy cerca de ahí. Los viajeros manejaban directamente de un lugar a otro y ya no se detenían en el restaurante. Pasaban muchos días sin que llegara ningún cliente. El hombre se volvió muy pobre y no tenía nada más que hacer sino quitar el polvo y sacarle brillo a sus platos y mesas vacías.

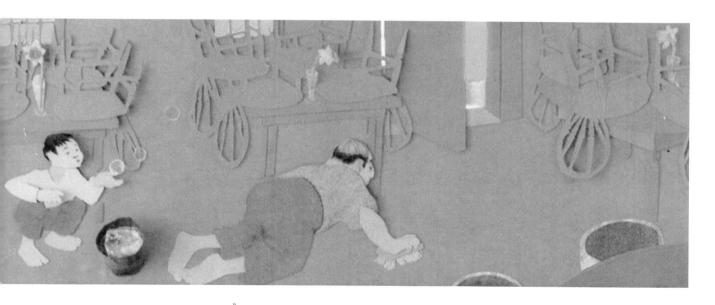

Una noche, un desconocido entró al restaurante. Su ropa estaba vieja y gastada, pero su manera de actuar era cortés y poco usual.

142

Aunque dijo que no tenía dinero para
pagar la comida, el dueño lo invitó a
sentarse. Le cocinó la mejor comida que
sabía preparar y lo atendió como a un rey.

Cuando el desconocido terminó de comer le dijo a su anfitrión:

—No puedo pagarle con dinero, pero me gustaría agradecerle a mi manera.

Tomó de la mesa una servilleta de papel y
le hizo unos dobleces hasta darle forma
de grulla.

—Sólo tiene que aplaudir —dijo—, y esta
ave cobrará vida y bailará para usted. Tómela
y disfrútela mientras esté con usted.

Y con esas palabras, el desconocido
se marchó.

145

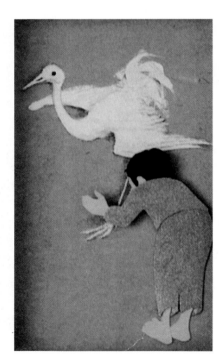

Sucedió tal como lo dijo el desconocido.
El dueño sólo tenía que aplaudir y la grulla
de papel cobraba vida, volaba hasta el piso
y bailaba.

Pronto, la noticia de la grulla bailarina se extendió y la gente venía de todas partes para ver danzar al ave mágica.

El dueño era otra vez feliz porque su restaurante siempre estaba lleno de clientes.

Él cocinaba, servía y tenía visitas desde la
mañana hasta la noche.

Pasaron las semanas,
y los meses.

Una tarde, entró un hombre al restaurante.
Su ropa estaba vieja y gastada, pero su
manera de actuar era cortés y poco usual.

El dueño lo reconoció de inmediato y se
puso muy contento.

Pero el desconocido no dijo nada. Sacó una flauta del bolsillo, se la llevó a los labios y comenzó a tocar.

La grulla bajó volando de su lugar en la repisa y bailó como nunca.

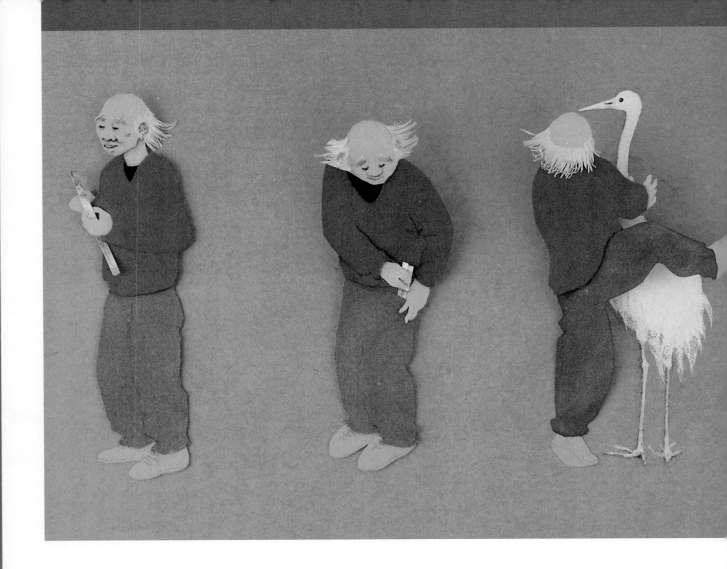

El desconocido terminó de tocar, se sacó la flauta de la boca y la guardó en el bolsillo. Se subió al lomo de la grulla y salieron volando por la puerta y desaparecieron.

El restaurante todavía está a un lado del camino. Los clientes aún vienen a comer los buenos platos y a escuchar la historia del cortés desconocido y de la grulla mágica hecha de una servilleta de papel. Pero nadie volvió a ver nunca más ni al desconocido ni a la grulla bailarina.

La grulla de papel

Conoce a la autora e ilustradora

El amor de **Molly Bang** por los libros
comenzó desde muy temprana edad. A
menudo, sus padres se regalaban libros en los
cumpleaños y otras festividades. Después de
graduarse de la Universidad de Wellesley,
Molly viajó a Japón para enseñar inglés.

En sus viajes por otros países ha reunido
muchas ideas para sus libros. A ella le gusta
mezclar en sus escritos los temas de los cuentos
populares asiáticos con escenarios modernos.
Sus ilustraciones muestran una verdadera comprensión
de la gente y de los lugares sobre los que escribe. Ha ilustrado
incluso libros para su madre, quien también es escritora.

154

Relación con el tema

En la selección

Libreta del escritor

Anota tus respuestas a las preguntas en la sección de Respuestas de tu Libreta del escritor. Presenta a tu pequeño grupo las ideas que escribiste. Comenta tus ideas con el grupo. Luego, elijan a un compañero para que presente las respuestas del grupo ante la clase.

- ¿Por qué crees que el desconocido le dio al dueño del restaurante la grulla de papel?
- ¿Cómo ayudó la grulla de papel al dueño del restaurante?

A través de las selecciones

- ¿En qué se parecen "La grulla de papel" y "Los duendes y el zapatero"?

Más allá de la selección

- Piensa en cómo refuerza "La grulla de papel" lo que ya sabes acerca de la bondad.
- Añade al Tablero de conceptos y preguntas algunos puntos acerca de la bondad.

Preguntas de enfoque ¿De qué modo podemos ser bondadosos con la naturaleza? ¿Alguna vez has tenido que separarte de algo que amabas por bondad?

La casa de la mariposa

Eve Bunting
ilustrado por Greg Shed

Cuando yo era apenas una niñita
vi una pequeña criatura negra
como un gusanito
y la salvé de un arrendajo glotón
que la quería
de almuerzo.

La llevé adentro,
a salvo en su ancha y verde hoja.
Mi abuelo dijo
que era una larva
y que pronto sería
una mariposa.

Pusimos la larva con cuidado
sobre hojas de cardo
dentro de un frasco vacío,
pusimos una ramita
para que trepara,
luego, hicimos una tapa
de papel blanco y suave
y la pegamos por todo el borde.
Mi abuelo sabía
exactamente qué hacer.
—Yo mismo crié una mariposa —dijo—,
cuando tenía tu edad.

Era extraño pensar
que mi abuelo alguna vez
fuera joven como yo.
—Hubiéramos sido muy buenos amigos
si yo hubiera estado allí en ese entonces —dije.
Mi abuelo sonrió.
—De todas maneras así fue.
Ahora somos muy buenos amigos.

Arriba, en su habitación
encontramos una caja.
Recorté una ventana en un costado
y luego la cubrí con una malla.
Pronto pude mirar adentro y ver
mi larva
que me miraba.

¿Qué vería ella?
¿Un rostro humano
tan grande y espantoso,
extraño y mirón?
¿Qué pensaría la larva?

—Quiero que la caja esté bonita hasta que ella
se vaya —dije.
Y así
mi abuelo y yo dibujamos flores
en papel de colores.
Equináceas de color azul púrpura,
y caléndulas,
lantanas brillantes como llamas
y también cardos.

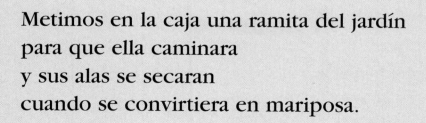

Metimos en la caja una ramita del jardín
para que ella caminara
y sus alas se secaran
cuando se convirtiera en mariposa.

Mi abuelo
sabe qué flores
les gustan más a las mariposas.
Aquellas en las que pueden descansar
y beber
el néctar dulce y transparente.

Pegamos las flores pintadas dentro de la caja
para que brillara con colores.
Arriba hicimos un cielo,
la tapa toda azul
con pequeñas nubes blancas de algodón
y con las hojas verdes de las copas de los
árboles que parecían mecerse
con el aire silencioso.

Hice la curva de un arco iris
como un abrazo
para mantenerla a salvo
mientras estaba allí.
Colocamos el frasco adentro y cerramos la tapa pintada.
Por la malla de la ventana
yo podía ver la casa del jardín.
Un lugar florido
y espacioso,
con una gran tranquilidad.

Todos los días le ponía hojas para que comiera
y observaba a mi larva cambiar.

163

Mi abuelo supo cuándo era el momento
de sacar con suavidad
la tapa de papel de donde ella colgaba.
La pegué en la pared adentro de su casa
y no la molesté más.
Estaría colgando libre,
dentro de la crisálida
que la mantenía oculta del mundo.

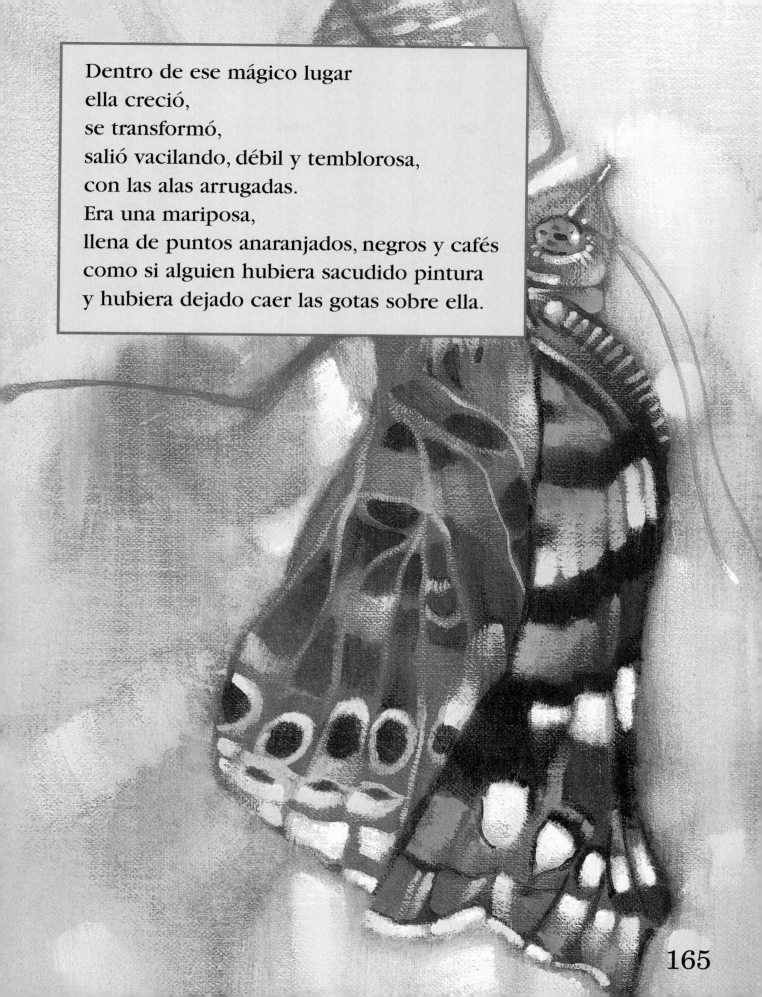

Dentro de ese mágico lugar
ella creció,
se transformó,
salió vacilando, débil y temblorosa,
con las alas arrugadas.
Era una mariposa,
llena de puntos anaranjados, negros y cafés
como si alguien hubiera sacudido pintura
y hubiera dejado caer las gotas sobre ella.

165

—Nuestra dama pintada —dijo el abuelo—.
Llegó la hora.
Quería decir que era el momento
de que ella se fuera
a su nueva vida.
Me tragué las lágrimas.
Desde el principio había sabido
que este día llegaría,
y ya había llegado.
Mi abuelo me tomó de la mano.
—Llora si quieres —dijo—.
Te comprendemos.

Llevamos la caja afuera y levantamos la tapa.
La vi vacilar
cuando sintió
el primer contacto cálido del sol,
vio árboles y
sintió la brisa restregarle las alas.
Se irguió
y luego descansó en la rama del árbol de higo,
y la vi volar.

—¡Adiós!

*H*an pasado tantos años.

Soy tan vieja como lo era el abuelo
aquella primavera en que yo era joven.
Vivo en la casa
que alguna vez fue suya.

El jardín brilla
con flores de equinácea de un azul púrpura
y caléndulas,
lantanas brillantes como llamas.
Y cardos también.

Ahora, cada primavera
llegan las damas pintadas.
Flotan y se dejan llevar como capullos.
Cuando camino
pasan revoloteando
para besarme
con un ala pintada.
A veces se posan en mí
como si yo fuera una flor.

Mis vecinos no pueden entender.
"Nuestras flores son como las tuyas"
dicen cada vez que me visitan.
"Incluso plantamos cardos
para invitar a las mariposas,
pero no vienen.
Llenan tu aire como
hojas en el otoño,
aunque no estemos en otoño.
Es todo un misterio".

Yo sonrío.
No es ningún misterio.

Yo creo que mis damas pintadas
se cuentan las unas a las otras
la forma en que su tatarabuela,
hace mucho, mucho tiempo
fue salvada
de ser comida por un arrendajo.

"Esta niñita le hizo una casa"
murmuran mientras vuelan.
"Un jardín pintado en una caja
para que viera cosas bellas
mientras colgaba en ese medio sueño
que todas ya conocemos".

173

174

"Esta es la niña,
pero ya mayor.
La visitamos cada primavera
para devolverle el amor que ella,
hace tanto tiempo, nos dio."

Para mí no es un misterio.
Creo que yo sé la respuesta.

La casa de la mariposa

Conoce a la autora

Eve Bunting se crió en Irlanda. Nueve años después de casarse se mudó a Estados Unidos con su familia. Los hijos de Eve Bunting nunca habían oído hablar del Día de las Brujas hasta que llegaron a Estados Unidos. Les encantó salir a pedir caramelos y ahora el Día de las Brujas es su día de fiesta favorito. Muchos de los libros de Eve Bunting son acerca de fantasmas. Ella piensa que el mundo está lleno de ideas para sus cuentos. *"Jamás podría escribir sobre todas las cosas interesantes que veo. No me alcanzarían los días"*, afirmó ella. Eve Bunting ha usado sus ideas para escribir sobre caballos que corren libres, reyes, tiburones, ballenas y muchas otras cosas.

Conoce al ilustrador

Greg Shed empezó a tomar clases de dibujo justo al terminar la secundaria. Se vio influenciado por los impresionistas y con mucha práctica, aprendió a pintar por su cuenta. Comenzó a ilustrar libros cuando su familia y sus amigos lo alentaron a compartir su trabajo con los editores. A Greg Shed le encanta combinar en los libros para niños su talento artístico y su pasión por la historia de Estados Unidos. Le gustan la música, los viajes y las culturas antiguas.

Relación con el tema

En la selección

Anota tus respuestas a las preguntas en la sección de Respuestas de tu Libreta del escritor. Presenta a tu pequeño grupo las ideas que escribiste. Comenta tus ideas con el grupo. Luego, elijan a un compañero para que presente las respuestas del grupo ante la clase.

- ¿De qué manera demostró la niña bondad hacia la larva?
- ¿Cómo demostró su bondad el abuelo?
- ¿Por qué regresan las mariposas cada primavera?

A través de las selecciones

- ¿En qué se parece la bondad de este cuento a la bondad de "Un hongo en la lluvia"?
- ¿Qué otros cuentos has leído acerca de ser bondadoso con los animales?

Más allá de la selección

- Piensa en lo que te dice acerca de la bondad "La casa de la mariposa".
- Añade al Tablero de conceptos y preguntas algunos puntos acerca de la bondad.

El buen samaritano. 1618-1622. **Domenico Fetti.** Óleo sobre madera. $23\frac{1}{2} \times 17$ pulg. El Museo Metropolitano de Arte, Nueva York, NY.

General y caballo de la tumba del emperador Tang Taizong. Siglo VII. Relieve en piedra. Museo de la Universidad de Pennsylvania.

El niño enfermo. Pedro Lira 1845–1912. Museo Nacional de Bellas Artes. Chile.

Preguntas de enfoque ¿De qué manera el ser bondadoso puede ayudarte a hacer amigos? ¿Debería determinarse la bondad según las apariencias externas?

Corduroy

Don Freeman

Corduroy es un osito que en un tiempo vivió en la juguetería de una tienda grande. Día tras día esperaba junto a los otros animales y muñecas que alguien viniera y se lo llevara a casa.

La tienda siempre estaba llena de gente que compraba todo tipo de cosas, pero parecía que nadie nunca deseaba comprar un osito con pantalones verdes.

Luego, una mañana, una niñita se paró y miró directamente a los brillantes ojos de Coduroy.

—¡Mira, mami! —dijo—. ¡Mira! ¡Allí está el osito que siempre he querido!

—Hoy no, mi amor —su mamá se
lamentó —. Ya he gastado mucho. Además,
no parece nuevo. Ha perdido uno de los
botones de sus tirantes.

Corduroy miró con tristeza como se alejaban.

—No sabía que había perdido un botón
—dijo para sí—.
Esta noche voy a ver si lo encuentro.

Ya tarde esa noche, cuando todos ya se
habían ido y se habían cerrado las puertas
de la tienda, Corduroy bajó con cuidado
de su estante y por todo el piso empezó a
buscar su botón perdido.

¡De repente sintió que el piso se movía! De pura casualidad se había parado en las escaleras automáticas, ¡y hacia arriba se fue!

—¿Será esto una montaña? —se preguntó—. Creo que siempre he deseado subir a una montaña.

Cuando llegó al piso siguiente se desmontó
de las escaleras, y allí, ante sus ojos, estaba
una vista muy sorprendente : mesas, sillas,
lámparas y sofás, y filas y filas de camas.
—¡Esto debe ser un palacio! —Corduroy dijo,
maravillado —. Creo que siempre he deseado
vivir en un palacio.

Se paseó por todo el sitio, admirando los muebles.

—Esto debe ser una cama —dijo—.
Siempre he querido dormir en una cama. Y se
encaramó sobre un enorme y grueso colchón.

De repente vio algo pequeño y redondo.

—¡Caramba, aquí está mi botón! —gritó.
Y trató de recogerlo.
Pero, al igual que los demás botones de un colchón, estaba firmemente amarrado.

Tiró y haló con sus dos patas hasta que ¡PUM! El botón se desprendió y Corduroy cayó del colchón, dándose un topetazo contra una lámpara de piso grande. ¡CATAPLUM! Cayó la lámpara.

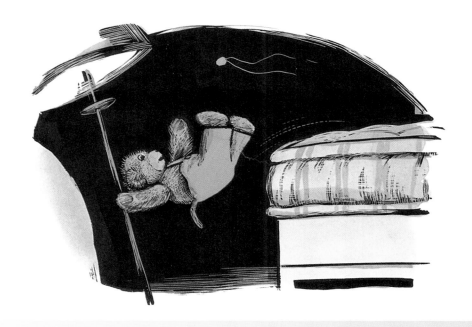

Corduroy no lo sabía, pero alguien más estaba despierto en la tienda. El guardia nocturno hacía su recorrido por el piso de arriba.
Cuando oyó el ruido, bajó corriendo las escaleras.

—¿Quién pudo haber hecho esto? —exclamó —. ¡Alguien debe estar escondido por aquí!

Con su linterna alumbró por arriba y por debajo de los sofás y de las camas, hasta llegar a la cama más grande de todas. Y allí vio dos orejas peludas de color marrón que salían de abajo del cubrecama.

—¡Hola! —dijo—¿Cómo has subido hasta aquí?

El guardia puso a Corduroy bajo el
brazo, lo llevó escalera abajo, y lo colocó
en el estante de la juguetería junto a los
otros animales y muñecas.

Corduroy apenas se había despertado cuando vio a los primeros clientes entrar en la tienda en la mañana. Y allí, mirándolo con una amplia y cariñosa sonrisa, estaba la misma niñita que justo había visto el día anterior.

—Me llamo Lisa —dijo la niña—, y vas a ser mi propio osito. Anoche conté lo que había ahorrado en mi alcancía y mi mamá dice que puedo traerte a casa.

—¿Quieres que te lo ponga en una caja?
—le preguntó la vendedora.

—No, muchas gracias —contestó Lisa. Y
en sus brazos se llevó a Corduroy a casa.

Subió corriendo los cuatro pisos de
escaleras hasta el apartamento de su
familia y derechito a su cuarto.

Corduroy pestañeó. Allí había una silla y
un gavetero, y al lado de una cama de niña
estaba una camita justo del tamaño para
él. El cuarto era pequeño, nada parecido al
enorme palacio de la tienda.

—Este debe ser mi hogar —dijo. ¡Sé que
siempre he querido un hogar!

Lisa sentó a Corduroy en su regazo y comenzó a coserle el botón de sus pantalones.

—Me gustas tal y como estás —dijo—, pero te sentirás más cómodo con tu tirante amarrado.

—Seguro que tú eres una amiga —dijo
Corduroy—. Siempre he deseado tener
una amiga.

—¡Yo también! —dijo Lisa, y le dio un
fuerte abrazo.

Corduroy

Conoce al autor e ilustrador

Don Freeman trabajaba tocando la trompeta hasta que un día la dejó en el metro de Nueva York. Olvidó su trompeta porque iba muy ocupado haciendo un dibujo para su clase de arte. Desde entonces, Don Freeman se ha ganado la vida haciendo ilustraciones. Escribió e ilustró su primer libro infantil para su hijito, Roy. A éste le siguieron muchos libros más, entre ellos "Corduroy".

Relación con el tema

En la selección

 Anota tus respuestas a las preguntas en la sección de Respuestas de tu Libreta del escritor. Presenta a tu pequeño grupo las ideas que escribiste. Comenta tus ideas con el grupo. Luego, elijan a un compañero para que presente las respuestas del grupo ante la clase.

- ¿De qué manera fue Lisa bondadosa con Corduroy?
- ¿Quién más en el cuento fue bondadoso con Corduroy? ¿Qué hizo?

A través de las selecciones

- ¿En qué se parecen la bondad de Lisa con Corduroy y la bondad del dueño del restaurante con el desconocido de "La grulla de papel"?

Más allá de la selección

- ¿Escogerías a un oso como Corduroy si lo vieras en una tienda? ¿Por qué?
- Piensa en cómo refuerza "Corduroy" lo que ya sabes acerca de la bondad.
- Añade al Tablero de conceptos y preguntas algunos puntos acerca de la bondad.

Preguntas de enfoque ¿Alguien les mostró bondad alguna vez cuando ustedes estaban enfermos? ¿Qué hizo esa persona? ¿Ustedes fueron bondadosos con alguien alguna vez?¿Qué hicieron por esa persona?

La jirafa friolera

Carlos Murciano
illustrado por Joe Body

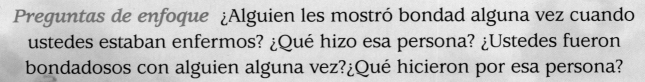

La jirafa
no tiene
bufanda.

Tirita y se q
Está resfria

A menudo
Se enfada.

198

Las ballenas jorobadas, las francas y las grises de California vienen al Ártico. En el verano de 1988 una manada en particular de ballenas grises de California se zambullía y daba vueltas, saltaba y caía de barriga, frente a la costa norte de Alaska.

Pero el invierno llegó temprano en 1988. La primera señal fue un viento helado del este. Las tormentas de nieve provenían de la cima del mundo. Gruesas banquisas de hielo se extendieron desde la costa y su sombra cayó sobre las ballenas.

La mayoría de las ballenas sintió los cambios con rapidez. En grupos pequeños, emprendieron el largo viaje hacia el sur para calentarse en el invierno. Pero tres de las ballenas no notaron el final del verano: una adulta, una mediana y una cría.

El hielo siguió avanzando en silencio.
El océano cambiaba de azul a un blanco
silencioso. Las ballenas grises aguantan
la respiración bajo el agua por media hora,
pero muy pronto las tres que se habían
quedado atrás no tendrían por dónde salir
a la superficie.

Sólo estarían seguras en aguas abiertas, más allá de las banquisas de hielo. Pero las tres ballenas perdieron el sentido de orientación. Nadaron en dirección a tierra, entrando en una bahía de Alaska, donde las aguas tranquilas y poco profundas seguramente se congelarían muy rápidamente.

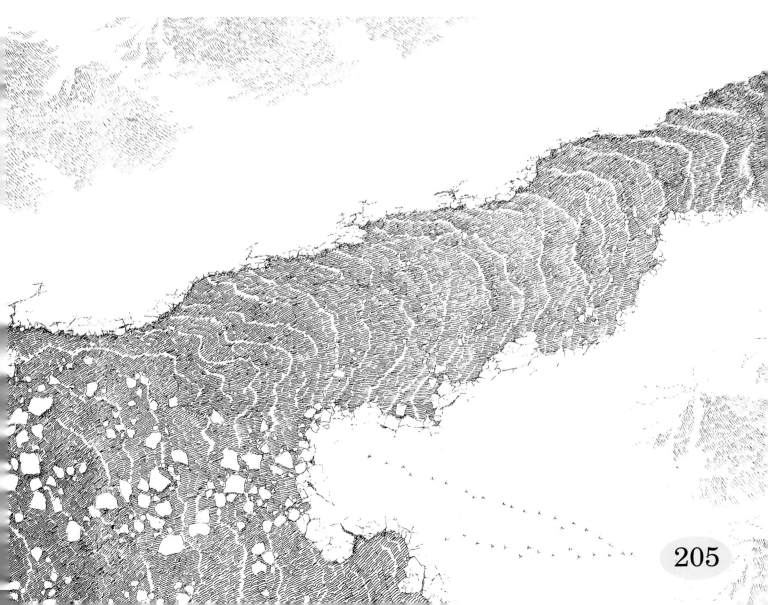

En la entrada de la bahía había una plataforma de hielo bajo el agua. Las banquisas de hielo quebradas se amontonaban contra la plataforma, formando un muro. No había salida desde el fondo del mar hacia la superficie.

Luego, la superficie se congeló por completo. Las ballenas estaban atrapadas en una prisión de hielo. No podían respirar. Una y otra vez golpeaban con sus hocicos el hielo que estaba por encima de ellas.

Finalmente lograron sacar sus grandes cabezas por una grieta en el hielo. Un cazador inuit que iba de paso las vio. En Barrow, un pueblo inuit cercano, le contó a la gente lo que había visto.

Al principio no hicieron nada para salvar a las ballenas. Sería natural que las ballenas murieran y los inuit lo aceptaron. Pero la noticia de las ballenas comenzó a extenderse. Sus fotos salieron en el canal de televisión local.

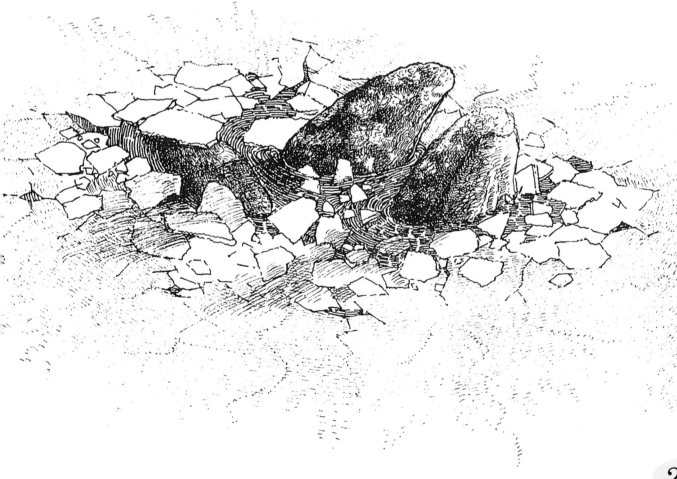

Una de las personas qué escuchó la noticia
fue una guardabosques. Ella convenció a la
gente de Barrow para que ayudara a mantener
vivas las ballenas. Ellos se acercaban caminando
trabajosamente sobre el hielo con hachas, picos
y sierras de cadenas para abrir respiraderos.

Las ballenas aparecieron en los agujeros y llenaron sus enormes pulmones. Los inuit les pusieron nombres: Siku (a la más grande), Poutu (a la mediana) y Kannick (a la cría). *Siku* significa hielo en inuit. *Poutu* significa agujero en el hielo y *Kannick* quiere decir copo de nieve.

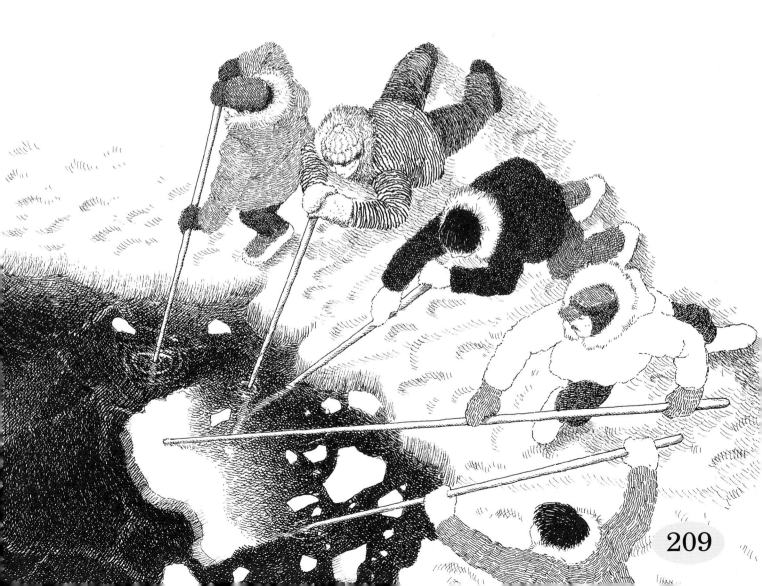

Los inuit abrieron una fila de respiraderos hacia las aguas abiertas. Trabajaron durante catorce días y noches. Las ruidosas sierras cortaban constantemente el hielo, pero el agua volvía a congelarse con gran rapidez.

Siku, Poutu y Kannick se negaron a seguir la fila de agujeros. Se quedaron cerca de la costa donde sabían que podían respirar. "El drama de las ballenas" se convirtió en noticia de primera plana en todo el mundo. Millones de personas esperaban esperanzadas.

De todas partes de Estados Unidos
llovieron ofertas de ayuda. Pero nada podía
romper el muro de hielo a la entrada de la
bahía. Un enorme tractor nivelador hizo el
intento, pero rápidamente se atascó.

Un helicóptero grúa martilleó el hielo con un torpedo de concreto. Perforó una fila de agujeros desde las ballenas hasta el muro. Pero las ballenas todavía no quisieron seguirla.

Tenían los hocicos sangrientos y raspados hasta el hueso. El hielo era invencible. Al mundo que observaba le parecía que las ballenas tendrían que morir. Los osos polares estaban al acecho por el hielo, esperando pacientes un festín de carne de ballena.

Un anochecer, Siku y Poutu salieron solos a la superficie. Como Kannick era la más pequeña, era también la más débil. Llegó la mañana y otra vez sólo Siku y Poutu se asomaron por el agujero. Nadie podía decir exactamente qué había pasado. Y nadie volvió a ver jamás a Kannick.

Al vigésimo día, Siku y Poutu sintieron el temblor de motores distantes. Un enorme rompehielos ruso se acercaba rugiendo al rescate. Era el gran *Almirante Makarov*.

El capitán encontró una frase muy buena para marcar la ocasión. —¡Empecemos a romper el hielo! —exclamó. Toda la noche el rompehielos arremetió contra el hielo, retrocedió y volvió a arremeter.

A la mañana siguiente se había despejado un canal de un cuarto de milla de ancho. La tripulación del *Almirante Makarov* sonreía. Bajaron a tierra para celebrar y los inuit y otros estadounidenses los abrazaron y los vitorearon.

Luego, el rompehielos se dirigió a alta mar con Siku y Poutu siguiéndolo muy de cerca. Las ballenas comprendieron que debían seguir el estruendo y la espuma de los motores. El sonido las guiaría de la prisión de hielo hasta alta mar y la libertad.

El resto de la manada llevaba tres semanas de ventaja en el viaje hacia el sur. Siku y Poutu tenían miles de millas por nadar, así que cada una arrojó al aire un gran chorro de agua y emprendió la travesía.

Su penosa experiencia ya había terminado.

La historia de tres ballenas

Conoce al autor

Giles Whittell se crió en Kenia, Nigeria y Argelia. En 1989 viajó en bicicleta desde Berlín hasta Bulgaria y luego escribió acerca de su viaje. Es reportero de un periódico de Los Ángeles.

Conoce al ilustrador

Patrick Benson nació en Inglaterra donde actualmente vive. Trabajó en el cine y fue escultor antes de comenzar a ilustrar libros para niños. Ha ilustrado veinticinco libros infantiles. *"Lo que verdaderamente deseo es hacer llegar buenos dibujos a tantos niños como sea posible"*.

Relación con el tema

En la selección

Libreta del escritor

Anota tus respuestas a las preguntas en la sección de Respuestas de tu Libreta del escritor. Presenta a tu pequeño grupo las ideas que escribiste. Comenta tus ideas con el grupo. Luego, elijan a un compañero para que presente las respuestas del grupo ante la clase.

- ¿Por qué se preocupaba la gente por las ballenas?
- ¿Qué pasó después de que fracasaron los primeros intentos por liberar a las ballenas?

A través de las selecciones

- ¿En qué se diferencia "La historia de tres ballenas" de los otros cuentos que has leído? ¿En qué se parece?

Más allá de la selección

- ¿Conoces otras historias reales en las que la gente fuera bondadosa con los animales? ¿Qué sucedió?
- Piensa en cómo refuerza "La historia de tres ballenas" lo que ya sabes acerca de la bondad.
- Añade al Tablero de conceptos y preguntas algunos puntos acerca de la bondad.

Preguntas de enfoque ¿Crees que leer cuentos
puede enseñarnos a ser bondadosos?
¿De qué manera nos impide la envidia ser bondadosos?

La Cenicienta

adaptado por Fabio Coen
ilustrado por Lane Yerkes

Había una vez una joven muy bondadosa y
paciente. Su malvada madrastra la llamaba
Cenicienta porque ella se sentaba a menudo
junto a la chimenea, cerca de las cenizas.

222

Su madrastra la hacía trabajar todo el día.
Tenía que encender el fuego, preparar la
comida, lavar los platos, limpiar la casa y hacer
hermosos vestidos para sus dos hermanastras,
quienes eran muy feas y malas.

Cenicienta siempre estaba vestida con harapos, pero aún vestida de harapos era más hermosa que sus hermanastras en sus hermosos vestidos.

Un día, el rey y la reina organizaron un baile. Cenicienta ayudó a su madrastra y a sus hermanastras a prepararse. Luego, las tres se fueron al baile.

Cenicienta se quedó sola y comenzó a llorar. De pronto apareció su Hada Madrina.

—¿Por qué lloras? —le preguntó a Cenicienta.

—A mí también me hubiera gustado ir al baile —contestó Cenicienta.

—Entonces vas a ir —dijo su Hada Madrina—.
Tráeme una calabaza del huerto.

Con un toque de su varita mágica, el Hada
Madrina de Cenicienta convirtió la calabaza en
un hermoso carruaje. Luego, sacó seis ratones
de una trampa. Un toque de la varita mágica los
convirtió en seis caballos briosos. En el sótano,
el Hada Madrina de Cenicienta halló un ratón
grande. Lo convirtió en un cochero grande con
un gran bigote.

227

Otro toque de la varita mágica y los harapos de Cenicienta se convirtieron en un hermoso vestido plateado, recubierto de diamantes. En sus pies había un par de pequeñas zapatillas de cristal.

Cuando se subía al carruaje, su Hada Madrina le dijo:

—Diviértete mucho, pero recuerda esto: Debes salir del baile antes de la medianoche. Cuando el reloj dé la medianoche, tu carruaje se convertirá en calabaza, tus caballos en ratoncitos, tu cochero en ratón y tu vestido en harapos.

Cenicienta prometió salir del baile antes de la medianoche. Después se marcharon.

Cenicienta estaba tan hermosa que el príncipe bailó con ella toda la noche. Ella se olvidó de la advertencia de su Hada Madrina. El reloj comenzó a dar las doce y Cenicienta salió corriendo del palacio y bajó las escaleras. Por tener prisa, perdió una de sus zapatillas de cristal.

El príncipe corrió tras Cenicienta, pero ya era demasiado tarde. Cuando llegó al final de las escaleras, su hermoso carruaje se había ido. El príncipe sólo encontró la pequeña zapatilla de cristal.

El príncipe se había enamorado de Cenicienta. Quería encontrarla, pero ni siquiera sabía cómo se llamaba ni dónde vivía. Envió a un paje a todas las casas del reino. En cada casa el paje le pedía a cada joven que se probara la zapatilla. Pero todas tenían los pies demasiado grandes para la pequeña zapatilla.

Por fin, el paje llegó a la casa donde vivía Cenicienta. Sus dos hermanastras se apresuraron a probarse la pequeña zapatilla. Pero tenían los pies demasiado grandes. Por más que trataron y trataron, no pudieron ponerse la zapatilla.

Luego, le llegó el turno a Cenicienta. La zapatilla
le quedó perfecta. En ese momento apareció su
Hada Madrina y vistió a Cenicienta con un vestido
de oro reluciente.

Cenicienta y el príncipe se casaron. Y como
Cenicienta era tan bondadosa, perdonó a su
malvada madrastra y a sus hermanastras y
todos vivieron felices para siempre.

La Cenicienta

Conoce al autor

Fabio Coen nació en Roma, Italia. Llegó a Estados Unidos en 1940 y más tarde se nacionalizó. Le encantaban los libros y entró a trabajar en una compañía editorial. Mientras trabajaba allí, ayudó a que otros autores de libros infantiles iniciaran su carrera.

Conoce al ilustrador

Lane Yerkes ha creado ilustraciones para publicidad, periódicos, revistas, libros de texto y logotipos. Ha escrito e ilustrado dos cuentos infantiles que espera publicar. Vive en la costa sudoeste de Florida, cerca de los Everglades. Vive con su esposa y su perro. Cuando no está trabajando, le gusta salir en bote y pescar.

Relación con el tema

En la selección

Libreta del escritor

Anota tus respuestas a las preguntas en la sección de Respuestas de tu Libreta del escritor. Presenta a tu pequeño grupo las ideas que escribiste. Comenta tus ideas con el grupo. Luego, elijan a un compañero para que presente las respuestas del grupo ante la clase.

- ¿Por qué crees que la madrastra y las hermanastras de Cenicienta eran tan malas con ella?

- ¿Cómo se le mostró bondad a Cenicienta?

- ¿Cómo mostró Cenicienta su bondad?

A través de las selecciones

- ¿En qué se parece el Hada Madrina de este cuento al desconocido de "La grulla de papel"?

Más allá de la selección

- ¿Crees que es difícil ser bondadoso con la gente que no es bondadosa contigo? ¿Por qué?

- Añade al Tablero de conceptos y preguntas algunos puntos acerca de la bondad.

V er para creer. ¿O no?
¿Puedes confiar siempre
en lo que ves? ¿Es posible
que algo parezca una cosa
y en realidad sea otra?
¡Tal vez!

Preguntas de enfoque ¿Por qué necesitan los animales esconderse? ¿Qué significa "en el reino animal hay más de lo que se ve"?

Veo animales escondidos

Jim Arnosky

Veo animales escondidos. Veo un puerco espín en lo alto de un árbol.

Los animales salvajes son tímidos y siempre se esconden. Para ellos es natural ser así. En la naturaleza hay muchos peligros.

Aunque se les sorprenda al descubierto, los animales salvajes tratan de esconderse. Se meten detrás de lo que haya disponible: un delgado tronco de árbol, o incluso una sola brizna de hierba. Casi siempre pasan inadvertidos.

Los colores de los animales salvajes se parecen a los colores de los lugares donde viven. Gracias a esta coloración protectora, llamada camuflaje, los animales salvajes pueden ocultarse simplemente quedándose quietos y confundiéndose con su entorno.

Las becadas y otras aves que pasan mucho tiempo en el suelo de los bosques, tienen patrones y colores semejantes a los de las hojas secas.

Veo animales escondidos. Veo dos becadas en el suelo recubierto de hojas.

De todos los animales salvajes, los venados son los más cautelosos. Aunque sus colores les sirven de camuflaje, sólo se sienten a salvo cerca de buenos escondites.

En el verano, en una pradera de pastos altos y árboles pequeños y tupidos, los venados se pueden esconder con rapidez simplemente acostándose.

Aquí tienes otros tres animales que son blancos como la nieve. El zorro ártico y la comadreja de cola larga cambian de blanco en invierno a café en verano. El búho blanco permanece blanco todo el año.

Los colores y patrones de la lechuza blanca se confunden perfectamente con la corteza de los árboles. Así, estas pequeñas lechuzas pueden dormir todo el día al aire libre sin ser descubiertas.

Además de la lechuza, en este árbol hay otro imitador de la corteza. ¿Sabes cuál es?

Veo animales escondidos. Veo una lechuza y una polilla en una rama.

Las truchas usan su color y su forma como camuflaje para confundirse con las piedras lisas y musgosas de un arroyo.

Cuando observo una quebrada desde arriba, veo una trucha moteada que nada entre piedras moteadas.

Veo animales escondidos. Veo una culebra rayada que se desliza entre la hierba.

De cerca, una culebra puede ser fácil de ver entre la hierba. Pero mientras mantenga una buena distancia de sus enemigos, puede pasar sin ser vista, como si fuera otra rama rota en el suelo.

Aléjate unos pasos de esta página y sólo con la mirada, trata de seguir la línea de la culebra, de la cabeza a la cola. ¿Puedes distinguir entre la culebra y el palo?

Un avetoro es un pájaro al que le gusta vadear en el agua y cuyas rayas de color café y patas como palos se confunden en forma natural con las espadañas y los juncos que crecen en las orillas.

Cuando un avetoro realmente necesita hacerse invisible, apunta el pico hacia arriba y balancea su largo cuello como una espadaña que se mece suavemente en la brisa.

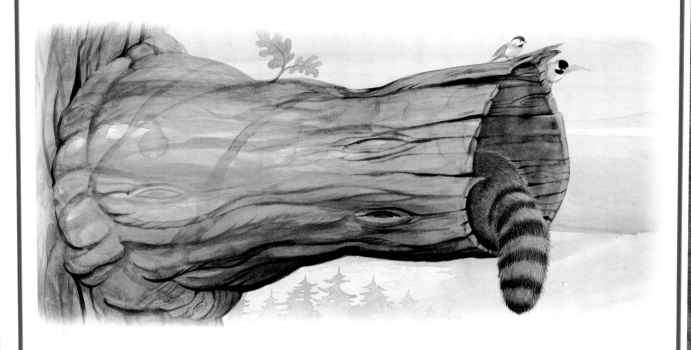

Y por último, pero no por ello menos importante: Los animales se esconden quedándose adentro de algo.

Veo animales escondidos

Conoce al autor e ilustrador

James Edward Arnosky vive con su familia en los bosques del norte de Vermont. Él observa la naturaleza mientras pesca, dibuja o camina. Con sus dibujos trata de enseñar a los lectores a ver las cosas como lo ven los artistas.

"Escribo sobre el mundo en el que vivo y trato de compartir en mis libros todo lo que veo y siento". A menudo, el señor Arnosky describe la naturaleza de tal forma que el lector se vuelve parte de la escena. Él resume el papel de un autor diciendo: *"Las mejores obras informativas dejan que el lector toque a la puerta, y tú lo dejas entrar. Luego tú te vas".*

En la selección

Libreta del escritor

Anota tus respuestas a las preguntas en la sección de Respuestas de tu Libreta del escritor. Presenta a tu pequeño grupo las ideas que escribiste. Comenta tus ideas con el grupo. Luego, elijan a un compañero para que presente las respuestas del grupo ante la clase.

- ¿Por qué es a veces difícil notar a los animales en su medio natural?
- ¿Por qué necesitan los animales esconderse?

Más allá de la selección

- ¿En qué otras cosas puedes pensar que tengas que mirar de cerca para realmente verlas?
- Piensa en lo que te enseña acerca del camuflaje "Veo animales escondidos".
- Añade al Tablero de conceptos y preguntas algunos puntos acerca del camuflaje.

Preguntas de enfoque ¿Cómo podrías ser más listo que un predador? ¿Qué significa ser "del color del mundo"?

Todos creyeron que lo habían visto

Craig Kee Strete
ilustrado por José Aruego y Ariane Dewey

Un pequeño camaleón oscuro salió reptando de su refugio invernal y se subió por una ramita.

Los charcos de lluvia brillaban bajo sus patas. El viento soplaba cálido sobre las paredes de adobe. Durante todo el invierno, el pequeño camaleón oscuro había vivido a salvo, dormido bajo el granero donde la gente guardaba su semilla de maíz.

Los insectos zumbaban ya sobre los arbustos y los árboles y él estaba despierto.

Mientras avanzaba con pasos rápidos y silenciosos, comenzó a olvidarse de la adormecedora oscuridad invernal y sentía ya el gozo de la primera luz de la primavera.

Con los ojos medio cerrados, todavía lleno de los recuerdos del invierno, el pequeño camaleón oscuro se sentó en una rama café y esperó a que algún insecto encontrara su lengua.

Una cul... se trepó al árbol para... lo observaba. La culebra hacer de él su primera comida ... al camaleón oscuro y ... ...imaver...

Pero cuando llegó allí, todo en la rama café ...a de color café.

—El camaleón oscuro se escapó —dijo la culeb..., y se alejó reptando.

255

El pequeño camaleón café saltó de unas hojas mismo color. Sus patas se su lengua pegajosa atrapó verdes y e colgó d un insecto.

Una lechuza que volaba de regreso a casa para dormir vio al camaleón café entre las hojas verdes. La lechuza descendió en picada para atraparlo.

Pero cuando llegó allí, todo en las verdes hojas era de color verde.

—El camaleón café se escapó —ululó la lechuza, y se alejó volando.

El pequeño camaleón verde saltó de las hojas verdes y cayó suavemente en la arena de color amarillo humedecida por la lluvia.

Un zorro vio al camaleón verde sobre la arena. Con las orejas levantadas y la mirada hambrienta, el zorro avanzó cautelosamente hacia él.

Pero cuando llegó allí, todo en la arena amarilla, era de color amarillo.

—El camaleón verde se escapó —aulló el zorro y se fue corriendo.

El pequeño camaleón amarillo se trepó
en un cerro de rocas doradas.

Un niño apache vio al camaleón amarillo
y trató de acercarse a él sin ser visto para atraparlo
como sorpresa de primavera.

Pero cuando llegó allí, todo lo que había en la roca dorada era de color dorado.

—El camaleón amarillo se escapó —dijo el niño y se alejó lentamente.

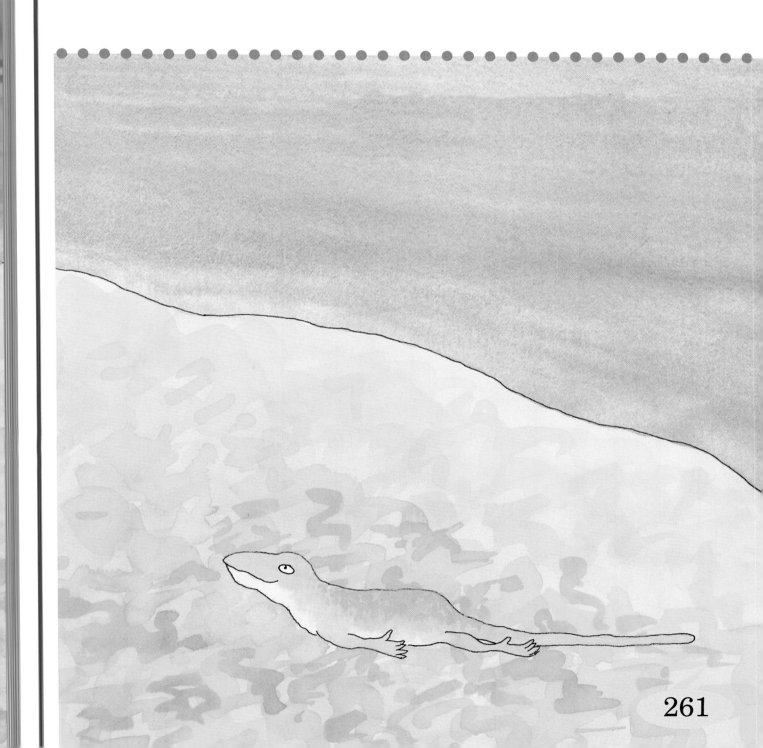

El pequeño camaleón oscuro, café, verde, amarillo y dorado se calentaba bajo los rayos del sol.

La culebra, la lechuza, el zorro y el niño, todos creyeron que lo habían visto.

Pero el pequeño camaleón tenía un secreto.

—Nadie me ve —dijo—, porque soy del color del mundo.

Todos creyeron que lo habían visto

Conoce al autor

Craig Kee Strete escribe cuentos para niños y adultos. También escribe para el teatro, la televisión y el cine. Con frecuencia describe la vida de los jóvenes indios americanos que se crían entre dos culturas. Muestra la cultura indígena y su amor por la naturaleza. "Todos creyeron que lo habían visto" es un cuento que presenta a los demás, el mundo del señor Strete.

Conoce a los ilustradores

José Aruego y Ariane Dewey han combinado sus talentos e ilustrado más de sesenta libros para niños. El señor Aruego dibuja las ilustraciones y la señora Dewey añade el color con pintura. José Aruego comenzó la carrera de abogado pero después de unos meses se dio cuenta de que quería dibujar, no ejercer el derecho. Después de graduarse de la escuela de arte, comenzó a dibujar tiras cómicas y luego a ilustrar libros infantiles. A Ariane Dewey siempre le gustaron los colores brillantes. En la clase de arte de cuarto grado, pintaba niños de color rosa brillante nadando en un lago verde azulado. Su amor por los colores alegres se aprecia en muchos libros para niños.

En la selección

Libreta del escritor

Anota tus respuestas a las preguntas en la sección de Respuestas de tu Libreta del escritor. Presenta a tu pequeño grupo las ideas que escribiste. Comenta tus ideas con el grupo. Luego, elijan a un compañero para que presente las respuestas del grupo ante la clase.

- ¿Por qué creían todos: la culebra, la lechuza, el zorro y el niño, que el camaleón se había escapado?

- ¿Cuál era el secreto del camaleón?

A través de las selecciones

- Compara la forma en que usan el camuflaje el camaleón y la liebre de la nieve.

- ¿Por qué la lechuza blanca no se puede esconder en tantos lugares como el camaleón?

Más allá de la selección

- Piensa en cómo refuerza "Todos creyeron que lo habían visto" lo que ya sabes acerca del camuflaje.

- Añade al Tablero de conceptos y preguntas algunos puntos acerca del camuflaje.

Carnaval de vida

Mario Lamo-Jiménez
ilustrado por Jerry Russell

Anda perdido en sus rayas
un tigre color de miel
camuflado entre las sombras
nadie sospecha de él.

Anda vestido de invierno
un oso de blanca piel,
escondido entre la nieve
no hay quién lo pueda ver.

En el árbol hay un camaleón
disfrazado de corteza
y en la rama hay un insecto
vestido de hoja seca.

Una mariposa vuela
y entre las flores gira,
con ojos de búho y tigre
desde sus alas nos mira.

Abre los ojos y observa
quién se esconde sin guarida,
¡Animales disfrazados
en un carnaval de vida!

Preguntas de enfoque ¿Es posible que los animales corran peligro por estar camuflados? ¿Has pisado alguna vez por accidente a un animal o a una criatura? ¿Por qué sucedió?

LA PEQUEÑA LIEBRE HAMBRIENTA

Howard Goldsmith
ilustrado por Denny Bond

Pequeña Liebre tenía unas orejas largas y grandes con puntitas negras. Sus patas traseras, largas y peludas, la ayudaban a brincar muy rápido y a saltar muy alto.

Un hermoso día, Pequeña Liebre olió las frambuesas. Las hojas de frambuesa eran su alimento favorito.

Pequeña Liebre dio un saltito, y luego otro
más. Seguía el aroma de las frambuesas hasta
un estanque en la pradera.

—¡Ay, ay, ay! —gritó una voz—. ¡Me pisaste!
Pequeña Liebre miró, pero sólo vio la verde
hierba brillante.

—No puedo verte —dijo Pequeña Liebre.

—Se supone que no debes verme —dijo una
rana verde, saltando frente a Pequeña Liebre—.
Mi color me esconde en la hierba de las culebras
curiosas. *Tú* no comes ranas, ¿verdad?

—¡Ah, no! —dijo Pequeña Liebre—. Estoy buscando hojas de frambuesa.

Pequeña Liebre dio un saltito, y luego otro
más. *Cruc, cruc, cruc,* hicieron las ramitas en
el bosque.

—¡Ay, ay, ay! —gritó una voz—. ¡Me empujaste!

Pequeña Liebre miró, pero sólo vio ramas de
color café en el tronco de un árbol.

—No puedo verte —dijo Pequeña Liebre.

—Se supone que no debes verme —dijo un insecto palo, trepando hasta donde estaba Pequeña Liebre—. Soy exactamente igual a una ramita. Así me oculto de las ardillas furtivas.

Pequeña Liebre tenía hambre. Dio un saltito
y luego otro más, y pasó junto a un gran arbusto
verde.

—¡Ay, ay, ay! —dijo una voz—. ¡Me golpeaste!

Pequeña Liebre miró, pero sólo vio hojas
delgadas y verdes.

—No puedo verte —dijo Pequeña Liebre.

—Se supone que no debes verme —una chicharra
saltó justo frente a Pequeña Liebre—. Soy
exactamente igual a una hoja, pero en realidad soy
un insecto. Mi disfraz me protege de las mantis
religiosas curiosas.

Pequeña Liebre ya tenía *mucha* hambre. Dio un saltito, luego otro más y se recostó en un árbol para descansar.

—¡Ay, ay, ay! —dijo una voz—. ¡No te recuestes en mí!

Pequeña Liebre miró y miró, pero sólo vio la
corteza color café del árbol.

—No puedo verte —dijo Pequeña Liebre—.
Supongo que tú también pareces otra cosa.

—Así es —dijo una polilla, aleteando frente a Pequeña Liebre—. Mi color es igual al de la corteza del árbol, así que cuando descanso, los astutos pájaros carpinteros no pueden encontrarme.

Pequeña Liebre estaba a punto de irse saltando,
cuando una voz adormilada exclamó:
—¡Cuidado! Estoy descansando en las hojas
frente a tus patas.

Pequeña Liebre miró hacia abajo justo cuando
una becada sacudía sus plumas.

—Me confundo con las hojas del suelo para
evitar a los zorros peludos —le explicó.

Pequeña Liebre tenía tanta hambre que apenas podía brincar. Sin embargo divisó unos hermosos lirios cerca de allí.

Estaba a punto de olisquearlos, cuando una
voz exclamó:

—¡No estornudes!

Pequeña Liebre miró, pero sólo vio los lirios
amarillos.

—No puedo verte —dijo Pequeña Liebre.

—Se supone que no debes verme —contestó
una araña cangrejo—. Las lagartijas saltarinas
creen que soy una flor, pero sólo parezco una
flor. Puedo cambiar de color para parecerme
a muchos tipos de flores, así que, adondequiera
que vaya, soy invisible.

—Quiere decir que desapareces dentro del mundo que te rodea —le explicó su mamá.

—Me gustaría ser invisible como los otros animales e insectos —dijo Pequeña Liebre.

—Lo serás —contestó su mamá—. Sólo tienes que esperar.

¡Y Mamá Liebre tenía razón!

LA PEQUEÑA LIEBRE HAMBRIENTA

Conoce al autor

Howard Goldsmith era psicólogo antes de ser autor de libros infantiles. Le gusta hacer que sus libros sean divertidos e interesantes para sus lectores. Su libro *2000 d.C.* es un cuento de aventuras. Éste es un buen libro para los niños a quienes les gusta ver programas y películas del espacio por televisión. También a los grandes les gusta leer los libros del señor Goldsmith.

Conoce al ilustrador

Denny Bond ha sido ilustrador durante muchos años. Además de ilustrar libros para niños, ha hecho ilustraciones para revistas, anuncios comerciales y empresas. También es pintor y ha exhibido sus obras en exposiciones y galerías de arte. Les dice a los jóvenes artistas: *"Sueñen con los ojos abiertos... y siempre lleven papel y lápiz para garabatear, o por lo menos para anotar las ideas que les vengan a la mente".*

Relación con el tema

En la selección

Anota tus respuestas a las preguntas en la sección de Respuestas de tu Libreta del escritor. Presenta a tu pequeño grupo las ideas que escribiste. Comenta tus ideas con el grupo. Luego, elijan a un compañero para que presente las respuestas del grupo ante la clase.

- ¿Por qué no podía ver Pequeña Liebre a los otros animales e insectos?

- ¿Cómo se hizo invisible Pequeña Liebre?

A través de las selecciones

- ¿En qué se parecen los animales e insectos de este cuento al camaleón de "Todos creyeron que lo habían visto?"

Más allá de la selección

- ¿Te ha sido alguna vez imposible ver algo a primera vista porque estaba escondido? ¿Qué era?

- Piensa en cómo "La pequeña liebre hambrienta" refuerza lo que ya sabes acerca del camuflaje.

- Añade al Tablero de conceptos y preguntas algunos puntos acerca del camuflaje.

Paisaje exótico. 1910. **Henri Rousseau.** Óleo sobre tela.
Norton Simon Foundation, Pasadena, California.

Tela pintada del Centro de Artesanías de Bambalulu. 1993. **Artista desconocido.** Algodón con tinta dorada para tela. $2 \times 2\frac{1}{2}$ pies. Colección privada.

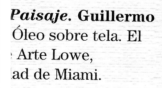

Paisaje. **Guillermo** Óleo sobre tela. El : Arte Lowe, ad de Miami.

Preguntas de enfoque ¿Son los animales terrestres las únicas criaturas que usan camuflaje? Si tú fueras una criatura marina, ¿cómo te esconderías de tus enemigos?

Cómo esconder un pulpo

y otras criaturas marinas

Ruth Heller

Si miras con
cuidado,
verás cómo
se han
CAMUFLADO
y están
fuera de la vista
las criaturas
de estas páginas,
aunque estén
justo delante de ti.

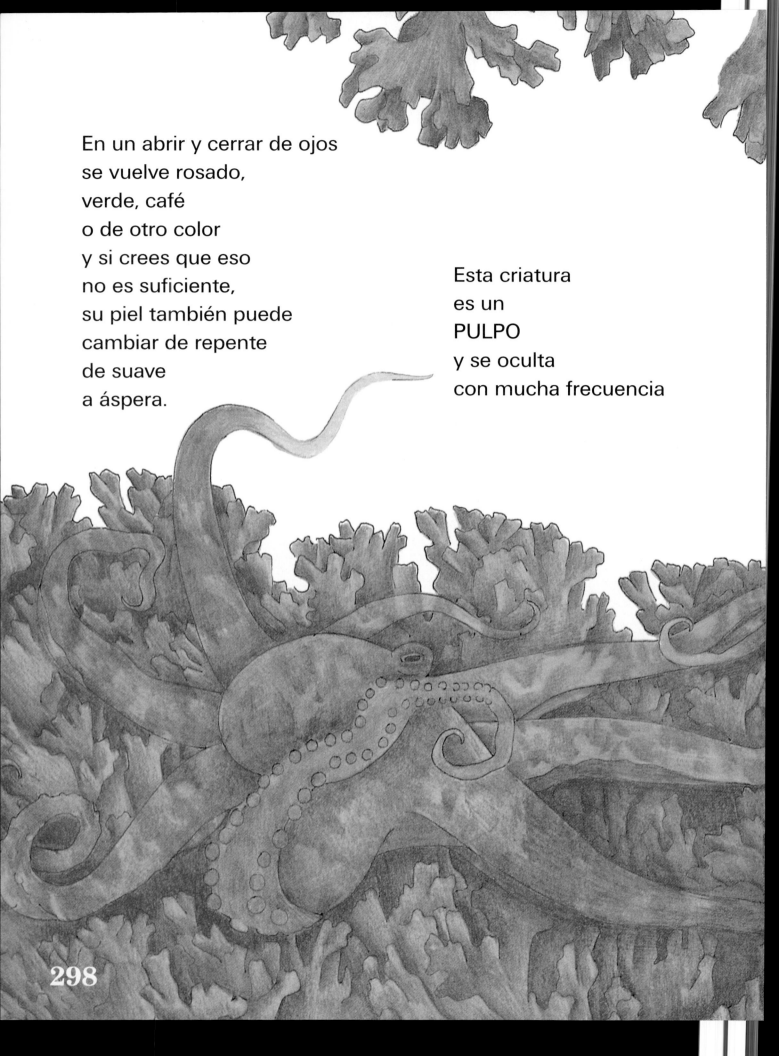

En un abrir y cerrar de ojos
se vuelve rosado,
verde, café
o de otro color
y si crees que eso
no es suficiente,
su piel también puede
cambiar de repente
de suave
a áspera.

Esta criatura
es un
PULPO
y se oculta
con mucha frecuencia

cambiando
al
color...

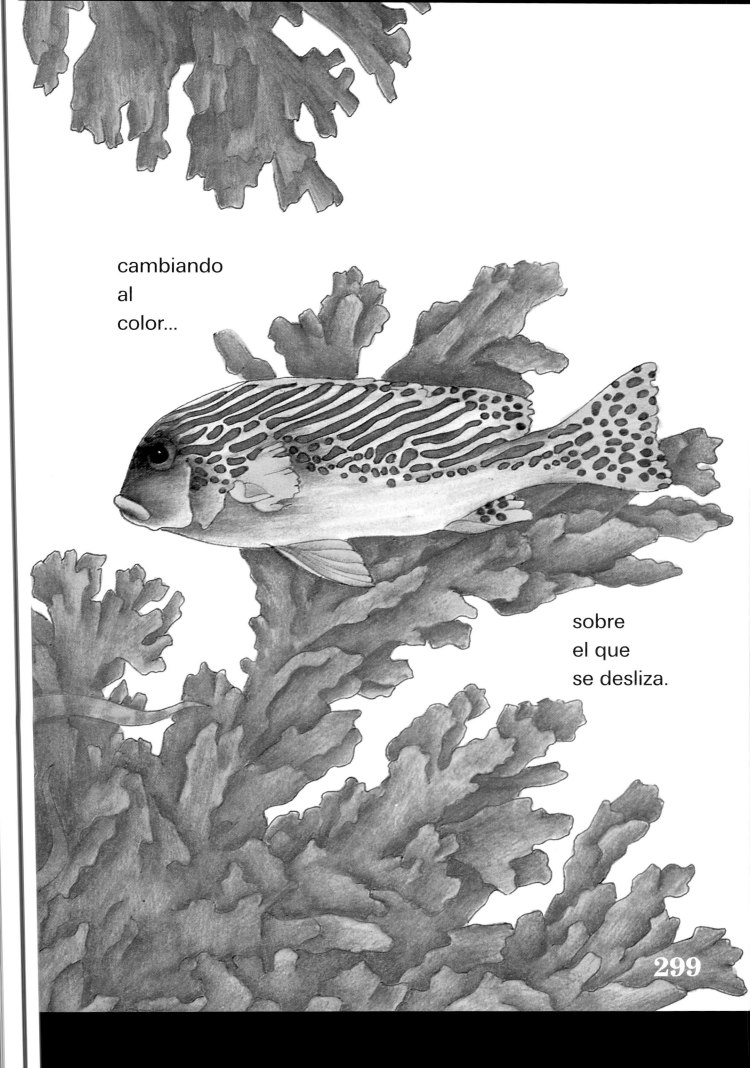

sobre
el que
se desliza.

Su pariente,
la
SEPIA,
puede hacer lo mismo
de modo imprevisto.

Sabemos
que la sepia
cortejando ha estado.
Lo dicen
sus rayas
en lomo y costados.
Pero, si así lo desea,
se las puede quitar
tomando su tiempo
o sin parpadear.

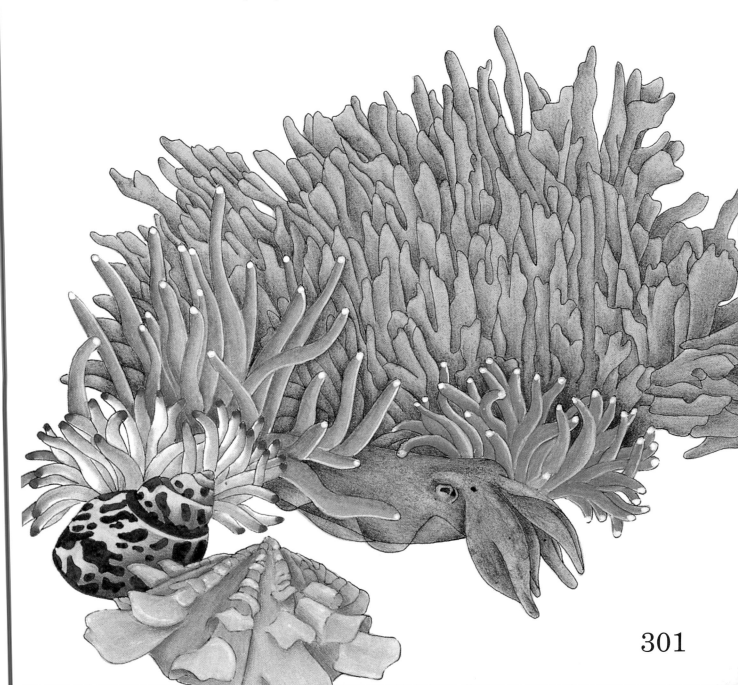

El
PEZ SARGAZO
de aspecto grotesco,
por no
decir más,
es muy parecido...

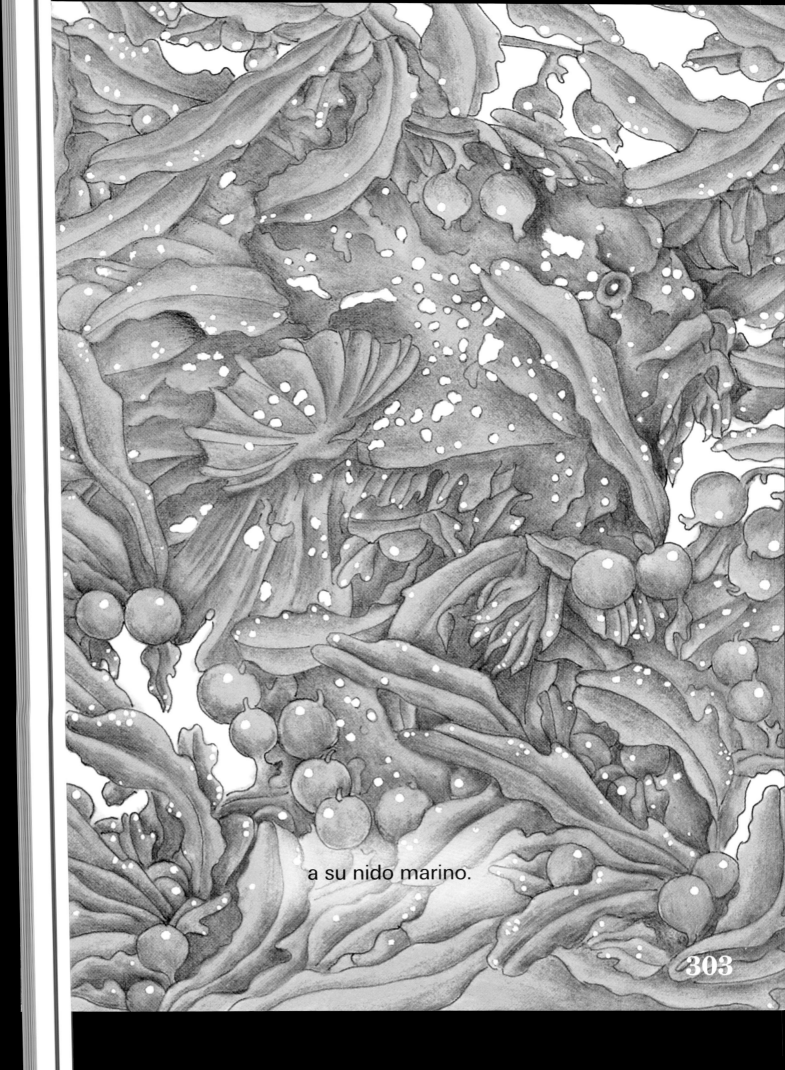

a su nido marino.

303

El
gigantesco
DRAGÓN MARINO
de color rojo,
es
la más extraña
de todas las
criaturas
que han visto tus ojos,
con listones de piel
que crecen un montón
por la panza, el lomo
y el mentón.

Se
extienden
desde la cabeza
y cuelgan de su cola,
y es fácil saber
por qué sus enemigos
no lo pueden ver
cuando va a comer
entre las algas rojas.

305

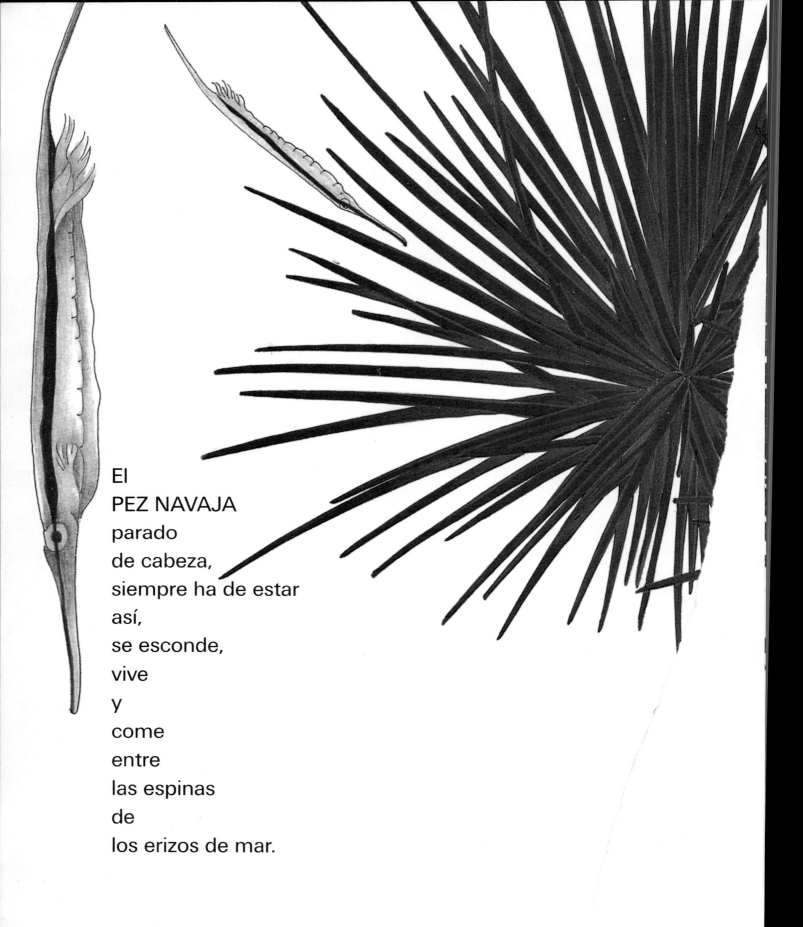

El
PEZ NAVAJA
parado
de cabeza,
siempre ha de estar
así,
se esconde,
vive
y
come
entre
las espinas
de
los erizos de mar.

para
que
hallarlo...
sea complicado.

Al
CANGREJO DECORADOR
le falta color
y
no estará descansado
hasta estar adornado,

así
que comienza
a ponerse
algas
percebes,
y unas esponjas,
¿qué
te parece?

y
también
una...
anémona.

Cómo esconder un pulpo

y otras criaturas marinas

Conoce a la autora e ilustradora

Ruth Heller es escritora e ilustradora. Comenzó su carrera diseñando papel para envolturas, servilletas, papalotes, tazas y tarjetas de saludo. Incluso diseñó libros para colorear. Un día, mientras estudiaba peces tropicales para ilustrar un libro para colorear, Ruth Heller vio algo extraño flotando en la pecera. Era un saco de huevecillos. Ella comenzó a leer sobre los animales que ponen huevos y pensó en los que había visto en la pecera. Figuras y palabras llenas de color atravesaron por su mente. Fue entonces que Ruth decidió escribir e ilustrar libros infantiles.

Relación con el tema

En la selección

Libreta del escritor

Anota tus respuestas a las preguntas en la sección de Respuestas de tu Libreta del escritor. Presenta a tu pequeño grupo las ideas que escribiste. Comenta tus ideas con el grupo. Luego, elijan a un compañero para que presente las respuestas del grupo ante la clase.

- ¿Cómo se esconde un pulpo?
- ¿Por qué se camuflan las criaturas marinas de esta selección?

A través de las selecciones

- ¿En qué se parece "Cómo esconder un pulpo y otras criaturas marinas" a las otras selecciones que has leído? ¿En qué se diferencia?

Más allá de la selección

- Piensa en cómo "Cómo esconder un pulpo y otras criaturas marinas" refuerza lo que ya sabes acerca del camuflaje.
- Añade al Tablero de conceptos y preguntas algunos puntos acerca del camuflaje.

Preguntas de enfoque ¿Crees que los animales se protegen entre sí? ¿De qué formas? ¿Tienen los animales un sistema para advertir del peligro a otros animales?

De dónde sacó sus manchas la gallina de Guinea

adaptado e ilustrado por Barbara Knutson

Hace mucho tiempo, cuando todo se acababa de crear, Nganga, la gallina de Guinea, tenía todo el cuerpo cubierto de brillantes plumas negras. No tenía manchas blancas como hoy en día —ni una sola manchita.

Gallina de Guinea era una ave pequeña, pero tenía una amiga grande. Esa amiga era Vaca.

Les gustaba ir a las grandes colinas verdes donde Vaca podía comer hierba y Nganga podía escarbar la tierra en busca de semillas y picotear algún saltamontes.

Y las dos mantenían los ojos abiertos por si se acercaba León.

Un día, Gallina de Guinea iba cruzando el
río para encontrarse con Vaca en la colina
más deliciosa que conocían. La hierba era tan
jugosa y abundante que, aun desde el río,
Nganga podía escuchar cómo Vaca arrancaba
hambrienta un bocado tras otro.

Pero... ¿qué fue lo que Nganga vio
acercándose furtivamente hacia Vaca?

¿Era acaso...?

¡Sí! ¡Era LEÓN!

Tal vez pienses que una gallina de Guinea
no sería un buen rival para un león, pero
Nganga no pensaba eso. En verdad, no
pensaba en nada.

Trepó tan rápido como pudo arañando el suelo colina arriba y voló justo entre Vaca y León, pateando y aleteando en el polvo.

—¡RRR! —gritó León—. ¡Mis ojos! ¡Esta arena! ¿Qué fue eso?

Cuando las nubes de polvo se
desvanecieron, no había señas de nadie,
y claro está que ya no había ninguna cena
para León. Se fue a su casa muy malgeniado,
gruñendo al igual que su panza vacía.

Al día siguiente, Gallina de Guinea llegó al pastizal primero. Puedes estar seguro de que mantenía los ojos bien abiertos por si venía León.

Poco después vio a Vaca, quien cautelosamente cruzaba el río para reunirse con ella, clip, clop, clop. Pero algo amarillo se agitaba entre los juncos.

¿No sería la cola de León?

Nganga revoloteó, medio cayéndose, medio volando con sus gruesas alas. León levantó la vista sorprendido desde su escondite. Frrrr... un torbellino negro avanzaba por la hierba hacia el río.

—¡Clo, clo, clo! —le gritó a Vaca.

—¡Gallina de Guinea! ¡De ahí es de donde vino la polvareda de ayer! —gruñó León entre sus afilados dientes. Pero al minuto siguiente, el torbellino llegó al río.

—¡RRRRRuaaaa! —explotó León con un rugido que terminó bajo el agua—.

¡Le enseñaré a ese pájaro a no espantarme la cena! —farfulló. Pero cuando su rugido volvió a sonar con claridad, Vaca y Gallina de Guinea ya estaban a salvo al otro lado de la colina siguiente, en casa de Vaca.

—Nganga —mugió Vaca agradecida—.
Dos veces me ayudaste a escapar de León.
Ahora yo te ayudaré a ti también.

Dándose la vuelta, sumergió la borla de su cola en una calabaza con leche. Luego, sacudió la borla mojada sobre las plumas negras y lisas de Gallina de Guinea, flic, floc, flic, salpicándolas de leche blanca y cremosa.

Gallina de Guinea volteó la cabeza para admirar las delicadas manchitas que cubrían su lomo.

325

Extendió las alas y Vaca las salpicó también de leche, flic, floc, flic.

—¡Clo, clo, clo! ¡Quedaron hermosas, Vaca! —rió Nganga—. ¡Gracias, amiga mía!

Y se marchó a su casa.

Y regresó a la casa de Vaca para darle otra vez las gracias a su amiga.

De dónde sacó sus manchas la gallina de Guinea

Conoce a la autora e ilustradora

Barbara Knutson nació en Sudáfrica. Estudió dibujo en África y en Estados Unidos. Después de graduarse en educación artística y francés, dio clases de inglés y francés en una escuela internacional de Nigeria. Como se crió en Sudáfrica y viajó por otros países africanos, Barbara Knutson tuvo muchas experiencias personales, las cuales representa en sus ilustraciones. Sus acuarelas detalladas muestran el amor y el conocimiento que tiene de la cultura africana. Ahora vive en Minnesota, donde visita las escuelas y trabaja en una librería para niños.

En la selección

Anota tus respuestas a las preguntas en la sección de Respuestas de tu Libreta del escritor. Presenta a tu pequeño grupo las ideas que escribiste. Comenta tus ideas con el grupo. Luego, elijan a un compañero para que presente las respuestas del grupo ante la clase.

- ¿Cómo protegió Gallina de Guinea a su amiga Vaca?

- ¿Cómo ayudó Vaca a proteger a Gallina de Guinea?

A través de las selecciones

- ¿En qué se parece la manera en que el camuflaje ayudó a Gallina de Guinea a la manera en que el camuflaje ayudó a los animales de otros cuentos?

- ¿En qué se parece este cuento a "Un hongo en la lluvia"?

Más allá de la selección

- Piensa en cómo "De dónde sacó sus manchas la gallina de Guinea" refuerza lo que ya sabes acerca del camuflaje.

- Añade al Tablero de conceptos y preguntas algunos puntos acerca del camuflaje.

Preguntas de enfoque ¿Por qué se camuflan los animales de diferentes maneras? ¿En qué se parece el camuflaje a un disfraz?

El camuflaje de los animales

Janet McDonnell

¿Qué es el camuflaje?

¿**A**lguna vez has jugado a las escondidas al aire libre? ¡A veces es difícil encontrar un buen lugar para esconderse! Pero, ¿qué pasaría si pudieras pintarte de café y verde como el suelo?

¿O ponerte un disfraz para parecer un árbol?
¿O acostarte en el suelo y cubrirte de hojas?
Con estos trucos sería mucho más difícil
encontrarte.

Un bosque parece verde y café.

¿Qué es el camuflaje?

Algunos animales usan trucos para esconderse. Los colores y patrones para esconderse se llaman camuflaje. El camuflaje hace que las cosas sean muy difíciles de hallar, aunque estén al descubierto.

Un insecto palo se parece a las ramas que lo rodean.

Los animales, los peces, los reptiles e incluso los seres humanos usan el camuflaje para esconderse. Cuando algo se parece a los objetos que lo rodean, es mucho más difícil de ver. ¡En eso consiste el camuflaje!

¿Por qué necesitan los animales el camuflaje?

Hay muchas razones por las que los animales se esconden. A menudo se esconden de sus enemigos. Algunos animales salen de noche y duermen de día. Necesitan mantenerse ocultos mientras duermen.

Esta mariposa nocturna tiene "ojos" en las alas para asustar a sus enemigos.

Algunos peces tienen el lomo oscuro y la panza blanca. Cuando un ave hambrienta mira el agua oscura, el lomo oscuro del pez es difícil de ver. Pero para un enemigo que esté más abajo en el agua, la panza blanca del pez se confunde con el cielo brillante.

Este róbalo tiene un lomo oscuro del color del agua.

¿Por qué cambian de color algunos animales?

Algunas veces el entorno de un animal cambia. ¡Entonces el animal también tiene que cambiar de color! Ésa es la única manera de permanecer escondido. Algunos animales cambian de color para parecerse a los colores de la estación del año. El *conejo nival* cambia de color muy lentamente durante la primavera y el otoño.

En el invierno, la piel del conejo nival es blanca como la nieve. A medida que la nieve se derrite en la primavera, al conejo le crecen parches de piel de color café. Entonces el conejo parece como los parches de tierra y de nieve derritiéndose.

Este conejo nival tiene la piel blanca para parecerse a la nieve.

Después llega el verano y el suelo es de color café. La piel del conejo crece de color café para parecer como el suelo. Cuando llega el otoño, el conejo comienza a ponerse blanco de nuevo.

Este conejito nival tiene la piel de color café en la primavera.

¿Usan todos los animales colores para esconderse?

Algunos animales usan diseños o patrones, en vez de cambiar de colores. Armonizar con un patrón es una buena manera de esconderse. Cuando el cuerpo de un animal se parece a su entorno, es muy difícil encontrarlo.

Un *cervatillo* o pequeño venado es demasiado débil para correr rápidamente. Pero puede esconderse quedándose muy quieto. El lomo del cervatillo está recubierto de manchas. Las manchas se parecen a los puntos de luz solar en el suelo del bosque. Si el cervatillo se queda quieto, es muy difícil verlo.

Los cervatillos como éste se pueden confundir con su entorno.

Otro animal que usa patrones para
esconderse es *el avetoro*. Esta ave vive en
pantanos de pastizales altos. Las rayas de
sus plumas parecen como las sombras en
el pastizal.

Este avetoro tiene patrones parecidos a los
pastizales altos.

Cuando el avetoro se encuentra en peligro, se hace aún más difícil de encontrar. Apunta su pico hacia arriba y mece su cuerpo en la brisa. ¡El avetoro se parece a la hierba que se mueve con el viento!

¿Qué es el mimetismo?

Algunos animales toman la forma o color de otras cosas. A esta clase de camuflaje se le llama mimetismo. Los animales que usan el mimetismo son buenos simuladores.

El *insecto palo* es un insecto que usa el mimetismo. ¡Su cuerpo largo, delgado y nudoso es igual a una ramita!

Este insecto palo parece una rama.

Los insectos palo pueden incluso cambiar de color con la estación del año.
En la primavera, las hojas y las ramas de los árboles son verdes. El insecto palo también es verde. Cuando las ramas y las hojas se vuelven de color café, el insecto palo se vuelve de color café para parecerse a su entorno.

Algunos animales usan otra clase de
mimetismo para engañar a sus enemigos.
Algunas polillas tienen grandes manchas en
las alas traseras. ¡Las manchas parecen
exactamente ojos!

Cuando la polilla está descansando, sus alas delanteras cubren las manchas. Pero cuando la polilla presiente el peligro, levanta las alas delanteras y deja ver las manchas. Si un enemigo se asusta con los enormes "ojos", dejará a la polilla en paz.

Las manchas de las alas de esta polilla parecen ojos.

Algunos animales incluso hacen sus propios disfraces para camuflarse. El *cangrejo enmascarado* usa algas marinas para hacerse un disfraz.

Este cangrejo enmascarado ha usado muchas cosas para hacer su disfraz.

Primero, el cangrejo usa sus pinzas para despedazar las algas marinas. Luego, se mete cada pedazo en la boca y lo mastica hasta que esté blando. El cangrejo se pega al cuerpo los pedazos de algas marinas. Unos ganchitos pequeños en el caparazón y en las patas mantienen las algas en su sitio.

Hay muchas clases de camuflaje: desde un conejo que cambia de color hasta un cangrejo con su disfraz de alga marina. Pero cada tipo de camuflaje tiene la misma importante función: ayudar a los animales a esconderse.

Esta polilla es difícil de ver porque se parece al tronco del árbol.

Ahora que conoces algunos de sus trucos, tal vez puedas ver animales donde nunca los has visto antes. ¡Pero tendrás que mirar con mucho cuidado, o te pueden engañar!

El camuflaje de los animales

Conoce a la autora

Janet McDonnell tuvo la idea de escribir "El camuflaje de los animales" durante una lluvia de ideas en una casa editorial. Como adora a los animales, sintió una gran emoción cuando le dieron la oportunidad de escribir sobre ellos. Cuando escribe acerca de un tema, le gusta investigarlo con mucho cuidado. A veces obtiene tanta información que no puede usarla toda porque el libro no puede ser tan largo. Luego, su reto es comunicar sus ideas en forma clara e interesante. *"Mi meta es hacer que el lector se emocione tanto como yo con el tema"*, afirma.

Relación con el tema

En la selección

Libreta del escritor

Anota tus respuestas a las preguntas en la sección de Respuestas de tu Libreta del escritor. Presenta a tu pequeño grupo las ideas que escribiste. Comenta tus ideas con el grupo. Luego, elijan a un compañero para que presente las respuestas del grupo ante la clase.

- ¿Cuáles son algunas de las maneras diferentes en que los animales usan el camuflaje?

- ¿Por qué tienen algunos animales tantos colores o patrones especiales?

- ¿Qué animales fueron los más difíciles de encontrar en las fotografías?

A través de las selecciones

- ¿Cuántas clases diferentes de camuflaje de las selecciones que leíste puedes nombrar? Da ejemplos de las selecciones.

Más allá de la selección

- ¿En dónde has notado animales que usan camuflaje? ¿Tuviste que mirar con mucho cuidado para encontrarlos?

- Piensa en cómo "El camuflaje de los animales" refuerza lo que ya sabes acerca del camuflaje.

- Añade al Tablero de conceptos y preguntas algunos puntos acerca del camuflaje.

Glosario

A

aburridos *adj.* Cansados o hartos.

admirando *v.* Vislumbrando algo.

adobe *n.* Material de construcción hecho de barro y paja.

adormecedora *adj.* Que produce sueño.

adormilada *adj.* Adormecida, casi dormida.

adornado *v.* Decorado para que se vea bien.

advertencia *n.* Llamada de atención sobre algo.

ágil *adj.* Rápido para moverse. Ligero.

agricultores *n.* Personas que cultivan la tierra.

alcaldía *n.* Oficina que administra la ciudad.

alcancía *n.* Objeto hueco que tiene una ranura para guardar algo, como el dinero.

algas *n.* Plantas que crecen en los mares.

amarrado *v.* Atado con sogas o pitas.

amontonó *v.* Juntó, reunió.

anfitrión *n.* Persona que tiene invitados en su casa.

apache *n.* Indio de una tribu americana.

apenas *adv.* Casi.

arañando *v.* Clavando las uñas sobre algo.

aroma *n.* Olor o perfume de algo.

arrugadas *adj.* Con muchas arrugas.

asistente *n.* Persona que ayuda en una tarea o trabajo.

astutos *adj.* Hábiles para engañar a los demás.

atendió *v.* Puso atención a algo o alguien.

aullaba *v.* Producía la voz triste y prolongada de un lobo.

aulló *v.* Gritó como un lobo.

aventura *n.* Hecho extraño o peligroso.

B

banquisas de hielo *n.* Pedazos grandes de hielo flotantes.

bastón *n.* Palo que sirve de apoyo para caminar.

bibliotecaria *n.* Persona encargada de la biblioteca.

borla *n.* Bola hecha de hilos sujetos.

brillo *n.* Resplandor.

C

calabaza *n.* Vegetal de forma redonda de color naranja.

calamares *n.* Animales marinos parecidos a los pulpos.

calamar

caléndulas *n.* Clase de flores.

camuflaje *n.* Color parecido al medio en que viven y que adoptan algunos animales para protegerse de sus enemigos.

castañeteaban *v.* Le temblaban los dientes con sonido de castañuelas.

casualidad *n.* Una circunstancia imprevisible e inevitable.

catre *n.* Cama ligera que se puede doblar.

cautelosamente *adv.* Con cuidado.

cautelosos *adj.* Que tienen cuidado, toman precauciones.

cenizas *n.* Polvos grises que quedan después de quemarse algo.

cerro *n.* Colina.

chicharra *n.* Insecto que produce un ruido continuo.

chorro de agua *n.* Salida de una cantidad de agua.

claro *n.* Lugar que no tiene árboles ni arbustos.

claro

cliente *n.* Persona que compra algo o solicita un servicio.

cochero *n.* Persona que maneja un coche.

conejo nival *n.* Tipo de conejo.

confundirse *v.* Mezclarse o equivocarse.

convenció *v.* Logró que alguien cambie de opinión.

cortejando *v.* Enamorando.

cortés *adj.* Amable y educado.

crisálida *n.* Etapa de la vida de la mariposa y otros insectos.

cristalina *adj.* Transparente como un cristal.

cuero *n.* Piel de algunos animales.

curiosas *adj.* Tienen deseo de averiguar alguna cosa.

D

de inmediato *adv.* Rápido, pronto.

decoraba *v.* Colocaba objetos para mejorar el aspecto de un lugar.

deliciosa *adj.* Que tiene buen sabor.

desconocido *adj.* Algo que no se conoce.

deseoso *adj.* Tiene gran deseo.

diamantes *n.* Piedras preciosas blancas transparentes con mucho brillo.

diosas *n.* Dioses femeninos.

diseñado *v.* Dibujado.

disfraz *n.* Ropa que sirve para cubrir la cara o el cuerpo.

disponible *adj.* Que se puede usar.

divisó *v.* Vio, observó.

donaciones *n.* Regalos, obsequios.

drama *n.* Tragedia, suceso triste.

duendecillos *n.* Enanitos imaginarios de los bosques.

E

elegantes *adj.* De buen gusto.

emocionante *adj.* Que causa emoción.

empapado *adj.* Muy mojado.

enorme *adj.* Muy grande.

entorno *n.* Medio que lo rodea.

escarbar *v.* Rascar la tierra.

espadañas *n.* Plantas cuyas hojas parecen espadas.

espantoso *adj.* Que da temor o miedo.

espinoso *adj.* Que tiene muchas espinas.

espuma *n.* Burbujas que se forman en la superficie de los líquidos.

exclamó *v.* Dijo algo con emoción.

F

farfulló *v.* Habló de prisa.

feroz *adj.* Que obra con crueldad o como una fiera.

formulario *n.* Documento para llenar información.

furtivamente *adv.* A escondidas.

furtivas *adj.* Escondidas.

G

gallina de Guinea *n.* Ave de Guinea.

gallina de Guinea

gastada *adj.* Que ha sido muy usada.

gavetero *n.* Mueble donde se guardan cosas.

gigantesco *adj.* Enorme, muy grande.

glotón *adj.* Que come en exceso.

granero *n.* Lugar donde se guardan los cereales o granos.

grotesco *adj.* Desagradable.

grulla *n.* Ave zancuda de patas y pico largo.

guardia *n.* Persona que defiende un lugar.

guarida *n.* Madriguera, escondite, cueva.

H

harapos *n.* Ropas viejas y rotas.

helicóptero grúa *n.* Vehículo de hélices que vuela por el aire y que sirve para remolcar.

hermosos *adj.* Bellos, lindos.

higuitos *n.* Higos pequeños.

I

iceberg *n.* Gran masa de hielo flotante que sobresale de la superficie del mar.

imitador *adj.* Que imita.

inclinada *adj.* Que no es vertical.

inuit *adj.* Tribu esquimal.

invencible *adj.* Que no puede ser vencido o derrotado.

invisible *adj.* Que no se puede ver.

J

juguetería *n.* Tienda donde venden juguetes.

L

lamentó *v.* Se quejó.

larva *n.* Nombre del insecto que recién sale del huevo.

listo *adj.* Preparado para salir o hacer algo.

M

manada *n.* Grupo grande de animales.

mantis religiosas *n.* Insectos cuyas patas se juntan como si estuvieran rezando.

manufacturaba *v.* Fabricaba.

maravillado *adj.* Quedarse admirado o sorprendido de algo.

mariposa *n.* Insecto con alas de distintos colores.

me confundo *v.* Me equivoco o mezclo las cosas.

medianoche *n.* Las 12 de la noche.

mimetismo *n.* Cambio de color de un animal para protegerse

miope *n.* Que no puede ver bien de lejos.

misterio *n.* Cosa secreta.

moteada *adj.* Coloración con puntos o motas.

N

natural *adj.* Que es parte de la naturaleza.

néctar *n.* Sustancia dulce que producen las flores.

nocturno *adj.* De la noche.

O

olfateó *v.* Olió

olimpíadas *n.* Competición atlética internacional.

olisquearlos *v.* Olerlos.

orientación *n.* Ubicación.

P

paciencia *n.* Virtud que consiste en esperar con calma.

paciente *adj.* Persona que tiene paciencia.

paje *n.* Criado.

parpadear *v.* Mover rápidamente los párpados.

patrones *n.* Diseños.

pensativa *adj.* Que reflexiona.

perdonó *v.* Disculpó.

pipas *n.* Semillas de girasol.

plancton *n.* Seres pequeños que sirven de alimento a los peces.

por fin *adv.* Finalmente.

pradera *n.* Lugar donde crecen flores y hierbas silvestres.

presiente *v.* Siente las cosas antes de que ocurran.

pulido *adj.* Brillante, suavizado por frotación.

R

rápidamente *adv.* Con rapidez.

reino *n.* Territorio gobernado por un rey.

reluciente *adj.* Que brilla o despide luz.

reptando *v.* Arrastrando por el suelo.

retorcido *adj.* Muy torcido.

rompehielos *n.* Clase de barco que rompe los bloques de hielo.

rompehielos

S

sacudió *v.* Movió violentamente.

se acurrucaba *v.* Se encogía de frío o temor.

se agarraron *v.* Se amarraron.

se arrimaron *v.* Se apoyaron.

se desliza *v.* Resbala sobre una superficie lisa o mojada.

se desvanecieron *v.* Desaparecieron de la vista.

se enderezó *v.* Se puso derecho.

se recostó *v.* Se acostó.

se transformó *v.* Se cambió.

se zambullía *v.* Se sumergía en el agua.

simuladores *n.* Que fingen alguna cosa.

sofás *n.* Sillones grandes con respaldo.

sombrero de copa *n.* Sombrero alto de hombre en forma de tubo.

sorprendente *adj.* Que causa mucha sorpresa.

sótano *n.* Habitación subterránea de una casa.

superficie *n.* Parte exterior de un cuerpo o terreno.

supermercado *n.* Tienda donde se venden comestibles.

truchas *n.* Peces de agua dulce.

tupidos *adj.* Espesos.

tutora *n.* Maestra particular.

T

tablero de anuncios *n.* Lugar para poner anuncios o mensajes.

tarjetas de biblioteca *n.* Tarjetas para pedir libros en la biblioteca.

temblar *v.* Moverse sin querer.

temblorosa *adj.* Que está temblando.

teranodontes *n.* Clase de dinosaurio.

tirita *v.* Tiembla de frío.

topetazo *n.* Golpe grande.

torbellino *n.* Remolino de viento.

torpedo de concreto *n.* Un proyectil hecho de concreto.

tragos *n.* Porciones de líquido que se tragan de una vez.

tranquilizar *v.* Calmar, serenar.

V

vadear *v.* Atravesar un río o lago.

varita *n.* Palito.

velocidad *n.* Rapidez en el movimiento.

Z

zapatero *adj.* Persona que hace o vende zapatos.

Créditos de fotografía